U0903461

# 视商时代

## 重构新媒体的商业价值

王乃考 方晓平◎著

人民邮电出版社

北京

图书在版编目（CIP）数据

视商时代 ：重构新媒体的商业价值 / 王乃考，方晓平著. -- 北京 ：人民邮电出版社，2017.9
ISBN 978-7-115-46610-5

Ⅰ. ①视… Ⅱ. ①王… ②方… Ⅲ. ①网络营销 Ⅳ. ①F713.365.2

中国版本图书馆CIP数据核字(2017)第178501号

## 内 容 提 要

本书对微视频的文化生产机制进行深入、系统的研究，构筑了微视频生产的商业生态体系和商业新模式，从一个侧面反映了微视频时代文化产业管理的变革路径，重构新媒体的商业价值，指导人们在全民直播、视商时代进行互联网创业，建构我国文化产业思想体系。本书适合微视频从业者、对微视频行业发展感兴趣的读者阅读。

◆ 著 王乃考 方晓平
责任编辑 赵 娟
责任印制 彭志环
◆ 人民邮电出版社出版发行 北京市丰台区成寿寺路 11 号
邮编 100164 电子邮件 315@ptpress.com.cn
网址 http://www.ptpress.com.cn
北京鑫丰华彩印有限公司印刷
◆ 开本：700×1000 1/16
印张：15 2017 年 9 月第 1 版
字数：212 千字 2017 年 9 月北京第 1 次印刷

定价：49.80 元

读者服务热线：(010)81055488 印装质量热线：(010)81055316
反盗版热线：(010)81055315

# 感　谢

教育部社会科学基金项目
《海峡两岸文化产业管理人才培养机制比较与创新研究》
（编号：15YJC760092）的大力资助。

# 序言

## 视商时代文化产业管理的变革

自2011年筹办厦门大学嘉庚学院文化产业管理专业起，我开始关注人类历史上各种类型的“文化生产”，希望从中找出文化产业管理的基本理念与方法。于是，我沿着人类文化的历史探寻，发现了人类历史上文化生产发展的6个阶段和演化规律，在2016年10月信息、通信和社会科学国际会议（Information，Communication and Social Sciences）上宣读了自己的探索性成果。最终形成了《发生学视野下文化生产的历史与规律》一文，发表在2017年9月的《现代传播》（中国传媒大学学报）上。文章简要梳理了人类文化生产的历史，分为文化共产时期、职业化文化生产者的出现、早期文化生产系统的形成、多元文化生产时期、统一文化生产系统的建设时期、文化生产系统的三次分化、文化产业的出现等历史时期，进而从史学的角度解析了文化产业是从文化生产系统中分化出来的一个分支，是“为满足群众文化生活需要以市场化手段从事文化生产、加工与传播的行业”，提出可以让文化产业与文化事业统一为“文化业”，解决当下我国物质文明与精神文明建设不平衡问题，提升国家软实力。

近几年来网络媒体技术的革新速度极快，相应的文化生产方式不断革新。网络视频直播是视频信息采集、发布、收看可同时进行的互联网传播形式。网络视频直播的到来，把“人人都是出版者”又往前推进了一步，进入了“人人可以是电视台”的时代。而且，这不仅是一场媒介的革命，还是人类生活方式的重大革新。在这样的背景下，文化生产的主体、技术、环节等文化生产要素都发生了较大的变化，文化产业管理不论是在微观层面还是宏观层面都应该做出调整，以适应网络视频直播时代的文化生产方式。网络视频直播革新文化生产方式的相关成果构成了我在 2017 年 6 月出版的《直播经济："互联网＋泛娱乐"时代的连接变革》一书。

关于网络视频直播给文化生产方式的影响，我继续探寻。2017 年 6 月，在教育经济和信息管理国际会议（International Conference on Education Economic and Information Management）上发表了《VR 技术下"网红"视频直播的文化生产模式研究》一文。2017 年 7 月，我又结合网络视频直播时代的广告营销问题，在《青年记者》上发表了《网络视频直播时代品牌营销的新策略》一文。2017 年 8 月，我又结合网络视频直播时代国家文化治理新模式和文化产业管理人才培养问题，在《青年记者》上发表了《网络视频直播时代文化产业管理的革新》一文，重点分析了网络视频直播对文化生产过程、国家文化治理模式和文化产业管理人才的影响。

在网络视频直播的影响下，网络视频平台快速走向繁荣。早在 21 世纪初就初见端倪的"微视频"（微电影）曾引起过我的关注[1]。近年来有学者对商业化冲击下的网络微视频生产进行观察与思考[2]，对网络微视频的生产机制进行了考察[3]，也对网络微视频的商业性和艺术性的平衡进行了探索[4]。随着网络视频直播的崛起，"微视频"再次爆发，成为 2017 年文化产业界热议的词汇。相较于传统视频的运营模式，"微视频"的商业模式是一次重大革新，"视"与"商"逐渐合一，大有形成"视商时代"之势。一个崭新的"视商时代"序幕即将开启。我和我的合作者们在 2017 年 7 月于国际会议期刊（CPCI）上发表了《中国网络微视频的商业生态体系研究》和《微视频时代网络视频广告的发展研究》。对自己这两年的探索性研究成果整理之后，形成了本书的基本内容，对微视频的文化生产机制进行更深入、更系统的研究，发现了微视频生产的商业生态体系和商业新模式，从一个侧面反映了微视频时代文化产业管理的变革路径。

1 王乃考．"微电影"的产生、涵义与特征 [J]. 新闻天地 ,2012,(2).

2 刘琼．商业化冲击下的网络微视频生产 [J]. 中州学刊 ,2013,(2).

3 刘琼．网络微视频生产机制考察 [J]. 中州学刊 ,2015,(3).

4 刘琼．产业化时代网络微视频商业性与艺术性的平衡 [J]. 社会科学家 ,2013,(1).

## 微观上革新着文化生产环节

### （1）管理不再局限于某一个环节和岗位

在传统农业社会，一家一户就是一个生产单位，其内部没有严格的分工，生产、管理、销售等往往都是混搭在一起的。到了工业社会，为了提高生产效率，开始流水线作业、专业化分工、标准化生产，生产、管理、销售各司其职。尽管工业社会中的文化生产环节不像工厂生产线那样一个接一个，它们之间有重叠、互动，有时候还有冲突，文化生产环节包含了创作构思、创作实施、最终定型、产品复制、市场营销、宣传、分发和批发、零售、展览与传播等环节。[1] 此时的管理是相对具体的环节和岗位，拟定科学的目标，执行相对完善的标准化程序。“传统的实体原生企业依赖各种规则让员工依循标准化行事，追求眼下的高效率，因此抓牢 KPI（关键绩效指标，Key Performance Indicator），尽可能避免犯错。一旦市场开始快速变动，改写游戏规则，这样的企业因为依循确立规则行事的组织惯性，通常难以适当地应变，而与下一个阶段的大局越行越远。”[2]

网络视频直播技术建立了新文化生产方式，重新模糊了生产、管理、销售的岗位界限，改变了以往的广告经营模式[3]。新型文化生产方式需要运用新的文化产业管理理念与工具。岗位和环节具有较高的叠加性、同步性，同时面对外部环境，建立与外部环境可持续性的互动关系。正如史蒂夫 • 凯斯（Steve Case）所言：“如果要创立一家第三波公司，该做什么不同的事？我会告诉他们，一切都与三个 P 有关：伙伴关系（Partnership）、政策（Policy）与坚持不懈（Perseverance）。”[4]

### （2）企业内外环境从竞争变为合作共享

在工业社会，企业必须参与残酷的市场竞争，必须具有较高的竞争意识；在企业内部管理上，也引入了激励工作效率的竞争机制。但如今，文化生产方式从传统的精英生产过渡到新型的大众共产，需要改变传统工业时代的竞争意识，重写经济法则，养成合

---

1 ［英］大卫 • 赫斯蒙德夫 . 文化产业 [M]. 北京：中国人民大学出版社，2016.

2 黄俊尧 . 明天的游戏规则——运用数位杠杆迎向市场新局 [M]. 台北：先觉出版股份有限公司，2016.

3 张帆，杨葆华 . 关于网络微视频广告传播效果及影响因素的文献综述 [J]. 电影评介，2014,(15).

4 ［美］史蒂夫 • 凯斯 . 第三波数位革命 [M]. 台北：大是文化有限公司，2017.

作共享的经济习惯。“出色的产品只是第一步，建立伙伴关系的能力才是决定成功与否的关键。”[1]

“如果你想走得快点，就自己走；如果你想走得远点，就一起走。”尽管“人人可以是电视台”，人人都可以开展网络视频直播，但人人都需要在某个网络视频平台上进行，换句话说，任何开展网络视频直播的企业或个人仍然都有“守门员”看管，他们根本没有权利选择自己独行。

这也会改变以往工业社会留下的企业理念，“竞争思维受到标杆、计分卡、比较的限制，无法充分发挥，探索新领域，只能墨守旧思路和模式。”[2]以网络视频直播为代表的数字文化生产，大大压缩了生产环节和管理程序，是几个机构、几个人围绕一个选题、目标开展的共产和共享活动，竞争意识优先原则逐渐让位于合作意识优先原则。

## 宏观上呼唤新文化治理模式

### （1）从文化管理到文化治理

文化管理侧重于通过一系列规章制度对文化生产主体、文化生产过程进行规范，其重心在对文化生产的规范与控制上。而文化治理在规范的基础上重视解放文化生产要素和文化生产过程，激发文化生产主体的积极性和创造性，重心落在了发展文化生产力上。以网络视频直播为代表的新的文化生产模式，简化了文化生产过程，激发了全民性的文化生产活力。国家文化产业管理必然从文化管理过渡到文化治理上来，建立新型的文化治理模式。

### （2）全民直播时代的文化治理

互联网直播借助实时视频传递方式提高了信息的传播速度，以其直观性、交互性等特点吸引了众多网友的关注，但违背公序良俗等违规内容也让网络视频直播陷入了困境。2016 年 11 月 4 日，国家互联网信息办公室发布《互联网直播服务管理规定》（以下简称《规定》），并自同年 12 月 1 日起按照此规定对互联网直播行业进行规范化监管。

《规定》指向明确，就是要强化网络视频直播的规范性。传统电视新闻直播非常严苛，

---

1 ［美］史蒂夫 · 凯斯 . 第三波数位革命 [M]. 台北：大是文化有限公司，2017.

2 ［美］玛格丽特 · 赫夫南 . 未来的竞争力不是竞争 [M]. 台北：漫游者文化事业股份有限公司，2016.

不仅推行总编辑负责制，其内容在发布之前要经过非常严格的审查，审查通过才能发布。《规定》要求：网络视频直播平台也必须获取“互联网新闻信息服务资质”，净化直播市场；对信息源进行有效监管，网络视频主播在后台也要进行实名登记；对于违规内容要及时阻断，推动直播市场规范化、制度化。

从2017年上半年网络视频直播的发展情况来看，《规定》的发布给整个网络视频直播行业带来了以下3个方面的重要影响：第一，网络视频直播作为一种速度极快的信息传播方式，已成为互联网信息平台的“标配”，虽然监管越来越严格，观众需求仍有增无减；第二，随着主流互联网机构进入网络视频直播领域，各行业大V、娱乐明星等逐渐进入直播领域，直播用户也呈现多样化的特点；第三，各行业大V进入网络视频直播领域，引发了网络视频直播行业流量的分化，“颜值控”“擦边球”内容在吸引流量方面的作用将逐渐弱化。也就是说，《规定》的发布催促网络视频直播行业进入了洗牌阶段，促进了网络视频直播、微视频传播等行业的发展。

从这个角度看，《规定》是一次国家文化治理模式的重要实践，它会对整个直播行业起到净化作用，将那些违规直播平台、潜规则直播平台淘汰，助力拥有健康直播生态和优质传播内容的网络视频直播平台更好更快地发展。

## 重新定义文化产业管理人才

在部分社会公众眼中，过去较长的时间内网络视频直播就是某些不良行业的代名词。《规定》的发布实施虽然对直播行业的发展提出了严格的要求，但换个角度看，也是对网络视频直播重要性的认可，并推动直播行业的竞争从抢夺高“颜值”主播、创造“擦边球”内容转向全面的内容竞争新格局。在此过程中，直播行业的洗牌会逐渐加快，网络视频直播也因此得以正名。

### （1）文化产业管理人才的根本素养在内容管理上

《规定》明确了直播行业的定位——直播平台就是信息平台。在此之后，那些拥有“互联网新闻信息服务”资质的媒体将成为直播行业的主力。截至2017年6月，网络视频直播类APP有近200家之多。[1]网络视频直播观众有了相对成熟的内容评判准则，有

1 亿咖.论有营养的内容输出对直播平台的重要性［DB/OL］.http://www.toutiao.com/i6426868931004203522/，2017-06-02.

趣、有料、优质的直播内容成为他们选择网络视频直播平台的首要因素。网络视频直播平台纷纷开始优化网络视频直播内容，开拓多元化的细分市场，构建和谐网络视频直播环境，塑造优质、健康的直播平台形象。

“将文化产业视为文本生产商非常重要。”[1]媒介技术越发达，媒介内容越重要。“电视与互联网深度融合之后，智能电视与平板电脑之间的差异几乎被消除，这就意味着电视又一次被重新定义的时代即将来临。”[2]电视与互联网的融合也带来了电视人才素养的提升。“从节目创意、制作、运营等各环节都与互联网紧密结合，运用互联网思维，从市场的需求角度出发，能最大限度地发挥电视从业人员的主观能动性和创意性，有利于电视节目的创新和持续发展。”[3]马歇尔 · 麦克卢汉（Marshall McLuhan）说，媒介的形式规定媒介的内容。网络视频直播的内容管理更为复杂，文化产业管理人才需要探索新的内容管理规律与方法。

### （2）文化产业管理人才不再局限于某个具体领域

尼古拉斯 · 尼葛洛庞帝（Nicholas Negroponte）说，数字世界全球化的特质将逐步腐蚀过去的边界。在网络时代，不仅传统意义上的报纸、杂志、广播、电视等界限日益模糊，而且文化旅游、非遗开发、文化博览、休闲体育、表演艺术等内容也日益混融。

在这样的发展趋势下，文化产业管理人才必须重视对不同领域的兼容能力。这种兼容能力不是什么都懂一点，而是找到这些领域管理上的共同规律，把握它、使用它。对当下高校文化产业管理学科建设而言，也应该重视文化产业管理核心能力的挖掘与培养，而不是打着“接地气”的旗号不断在文化产业管理专业后面画括号、分方向。从目前来看，文化产业管理人才主要是文化产业领域中的创意经理和营销人员；展望未来，创意经理、营销人员、符号创作者、内容传播者等又有很强的混融趋向。文化产业研究领域的主攻方向不是花枝招展地分方向，而是扎扎实实地育种、扎根和成长。

### （3）文化产业管理人才必须强化跨文化传播能力

网络视频直播具有共时性、平民化、平等性、互动性和灵活性等特征[4]，这种新型

---

1 ［英］大卫 · 赫斯蒙德夫 . 文化产业 [M]. 北京：中国人民大学出版社，2016.

2 萧盈盈 . 互联网时代电视的变革与迁徙 [M]. 北京：知识产权出版社，2016.

3 项仲平，刘静晨 . 论网络电视对传统电视的冲击 [J]. 当代传播，2010,(2).

4 王乃考 . 直播经济：“互联网 + 泛娱乐”时代的连接变革 [M]. 北京：中国铁道出版社，2017.

的文化生产、传播、消费方式具有极大的跨时空、跨文化特征。这种意义上的跨文化传播已经不局限于以前国家与国家之间、民族与民族之间、不同地区之间的跨文化传播，而是跨越不同的文化边界、亚文化边界的文化融合。

在当下，社会上已经出现了这种跨文化传播的端倪，一个70后，加入了一个90后的微信群，就要学习与适应90后的网络用语。一个人闯入了网络游戏直播平台中，可能会十分惊诧：网络游戏需要直播吗？网络游戏可以直播吗？而就在他惊诧的时刻，却有成千上万的游戏直播受众在收看、打赏中狂欢。当然，这种意义上的跨文化传播也将改写以前的文化冲突、文化适应等跨文化传播理论，转变为培养一种对他者文化的包容性态度，在文化自信的基础上达成文化互动、文化互信、文化互助与文化融合。

虽然本书旨在重构新媒体的商业价值，指导人们在全民直播、视商时代进行互联网创业，但依然使用了中国视角，希望在视商时代继续建构我国文化产业思想体系。有中国特色的社会主义文化产业必须以中华传统文化为基础，从中汲取营养，不断提升文化凝聚力和吸引力，发展巩固马克思主义和中国精神在意识形态领域的主导地位[1]。有中国特色的社会主义文化产业也必须解决好文化产业的发展是为了谁，服务谁的问题，让文化产品更好地体现人民群众积极向上的劳动实践，反映丰富多彩的群众社会生活。有中国特色的社会主义文化产业还要将市场无形的手和政府宏观调控相结合，推动文化产业可持续发展，赢得经济效益与社会效益的双丰收。

王乃考

2017年8月1日

1 王乃考．用中国精神构建我国文化产业思想体系 [J]. 新闻爱好者，2016,(2).

# 前言

人类从事商业活动的方式大致有这样几个类型：第一个类型是人们挑着担子去集市、街道上叫卖，可称之为“行商”；第二个类型是商人开始建设或租赁固定经营场所，让消费者光临选购如门店、超市等，可称之为“坐商”；第三个类型是随着互联网发展而产生的，人们通过网站、电子商务平台等来做生意，消费者通过电脑来购物，被称为“电商”；第四个类型是继“电商”之后，人们通过手机 APP 来做生意，称之为“微商”；第五个类型就是本书所说的“视商”，即人们通过网络视频直播、微视频传播等互动视频方式做生意的商业活动。

进入移动互联网时代以来，互联网行业的发展可谓如火如荼，而国内的网络视频行业也逐渐地从混乱走向了秩序。目前，整个行业已经进入了有秩序的良性竞争阶段，在良好的网络环境与移动智能设备的普及下获得了快速而有序的发展。各种视频作品铺天盖地，迅速走进了我们的生活，视频消费逐渐演变成为一种个性化、娱乐化的大众生活方式。

和作为电视台视频内容分销商的传统 P2P 流媒体公司的最大差异在于，微视频能够打破视频播放终端的限制，人们只需要使用随身携带的以智能手机、平板电脑为代表的移动终端设备就可以在任何时间、任何地点播放自己感兴趣的短视频，而且能够通过“快进”功能过滤那些自己不想看的片段。

相应地，能够让人们上传、分享、下载、评论微视频作品的视频网站被称之为微视频网站，国外的 YouTube，国内的优酷土豆、六间房等都是其典型代表。

大众广泛参与的特性决定了微视频是一种以用户消费需求为导向的视频细分领域，由于更加强调娱乐性的80后及90后渐成消费主体，目前市场中的绝大部分微视频作品都以强调娱乐性为主，内容主要是旅游、明星、美食等相对比较轻松的话题。目前，微视频不但是一种人们缓解工作及生活压力的有效工具，同时也是一种人们传播信息、享受快乐的生活方式。微视频具有的娱乐性及平民性，是使其广受网民喜爱的一大核心因素。

和传统媒体发布内容需要经过层层把关不同，微视频创作者对自身的作品有极大的自主权，他们广泛地分布在世界各地，而且其中的很多人没有经过专业指导，没有专业团队，完全根据自己的兴趣爱好即兴创作。

微视频制作的低成本及低技术门槛也进一步推动了快餐文化的发展，在生活节奏日渐加快的时代背景下，人们对精英文化的需求变得不再那么强烈，取而代之的是时间成本低、内容通俗易懂、娱乐性强的快餐文化，这种背景下，微视频热潮以不可阻挡之势迅速席卷全球。

目前，选择在PC端观看视频的受众规模已经相对比较稳定了，移动互联网与智能设备的普及也形成了用户在观看视频时的移动化与碎片化特点。随着信息技术的不断发展，信息互通、共享的多屏时代已然来临，为了满足用户越来越多的需求，视频网站行业需要寻求到一种更为合适的营销策略。但是，在此行业飞速发展的同时，一些妨碍其健康有序的问题也暴露出来了，如资金短缺、内容同质化、盈利模式需要进一步改进等。

为此，本书对微视频这一"微"时代的视频模式进行了探索，在对微视频的特点、传播方式、发展现状以及生态体系等进行分析的基础上，揭秘了视频网站的运营与盈利模式，并从视频+电商、视频+社交、网络自制剧、直播、微电影等几大视频领域的热点出发，全方位、多角度地对新媒体时代视频的商业化价值进行剖析。

2016年以来，以微视频为主要承载形式的网红经济与全民直播成为炙手可热的焦点，其不仅在移动互联网时代带给用户全新的体验，更显示出巨大的商业价值，吸引了无数互联网巨头、投资机构以及创业者的目光。电视节目、网络节目等内容已经远远不能满足人们的需求，移动设备产生的小视频、视频直播、短视频等内容成为新宠。因此，认识与把握视商时代新媒体的商业价值已刻不容缓。

# 目录

## 第 2 章　平台战略：视频网站的运营与盈利模式



## 第 3 章　视频电商：发现互联网体验经济新模式

# 第1章

## 视商时代：

### 视频技术与视频商业的谋和

# 1.1 微视频：传统视频模式的颠覆

## 1.1.1 什么是微视频

2007 年 1 月，由优酷用户“舞铭指”制作并分享的原创短视频《两个傻子的爱情故事》迅速走红网络，优酷平台点击量高达 600 万人次，全网总点击量则高达 3000 万人次。然而这一案例仅是当时正处于快速增长阶段的微视频产业的冰山一角。自 2007 年至今，微视频产业在经过将近 10 年的酝酿后，迎来爆发式增长期。

### 认识“微视频”

微视频，也被称为视频分享类短片，是一种由手机、录像机、摄像机、PC 电脑等视频拍摄设备制作，并上传分享的视频短片。

一般来说，微视频的时长在 30 秒～ 20 分钟，内容广泛，题材多元，如定制广告片、个人生活片段、视频剪辑及纪录片等都是其具体的表现形式。由于微视频占用空间相对较小、观看成本较低，人们在随时随地上传自己作品的同时，也可以根据自己的需求消费各类微视频作品。

得益于通信技术的不断突破、与视频相关的软硬件产品的推广普及，任何人都可以成为微视频的创作者、发布者、分享者、消费者及评论者。这种方便快捷、低门槛的特征，为其成为大众文娱消费品提供了强有力的支撑。在视频网站及社交媒体平台的助力下，微视频为广大网民献上了一次史无前例的视听盛宴。

### 微视频的主要特征

微视频具有以下的主要特征，如图 1-1 所示。

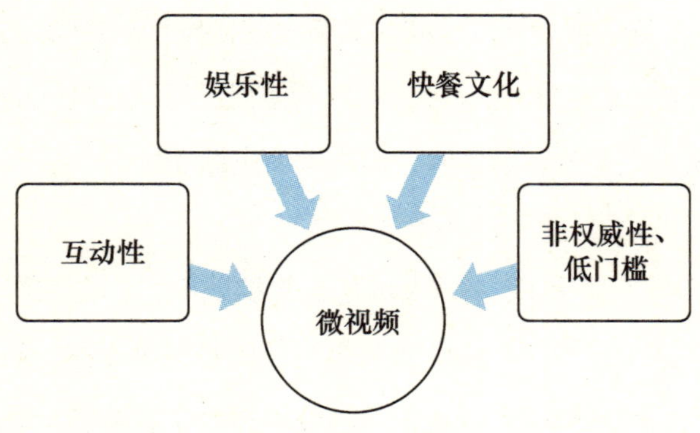


图 1-1　微视频的主要特征

（1）互动性

报纸、杂志、电视等传统媒体只能单向传递信息，而视频网站、社交媒体平台等新媒体却可以双向传递，例如，用户在视频网站上可以就视频内容发表自己的评论，也可以对其他用户评论的内容进行评论，创作者可以为用户答疑解惑，用户与用户之间、创作者与用户之间可以随时随地地交流互动。

（2）娱乐性

随着经济发展水平的不断提升，人们追求个性化与娱乐性的消费需求得到全面释放。在互联网中，人们可以借助微视频充分表达自己的情感、个性，从而有效提升了人们的个人成就感。这就使许多微视频创作者发布的作品带有强烈的个人感情色彩，并不能有效契合微视频平台的定位。当然，在用户需求主导的年代，微视频平台一般也不会对他们上传的视频内容进行过多限制。

（3）快餐文化

随着生活节奏的逐渐加快，快餐文化已经演变成为一种时代特征。在生存压力不断增加、物价飞速增长的年代，人们需要付出成倍的努力才能得到自己想要的生活，此时时间的重要性就凸显出来。

与快餐文化相对应的是，很少有人会拿出大量时间阅读那些经典的文学作品，而是观看那些剧情被大幅度压缩的名著电视剧作品。在学习一些古诗词时，许多学生也只关注那些“名句”等。人们希望自己可以在有限的休息时间内十分方便快捷地获得更多的娱乐体验，短视频便应运而生。

（4）非权威性、低门槛

《中国新歌声》《歌手》《快乐大本营》等综艺节目，在制作过程中需要有专业的制作团队分工合作，而且要有顶级硬件设备提供支撑，最终制作出的作品要与电视台的品牌形象相对一致，并以极高的关注度吸引大量广告主。

而微视频则与之不同，其创作者往往单打独斗，也没有专业的知识或技能，即便是有团队，也大多只是小型工作室，制作出的视频作品质量参差不齐，仅代表了个体行为，缺乏权威性。

此外，网民制作并分享微视频作品时，无须像传统媒体组织一样经过严格的审核程序、复杂的生产流程，只需要遵守相关的法律法规及平台规定即可上传自己的微视频作品。

## 1.1.2 新型的传播模式

### 国内视频网站分类

（1）视频分享、视频博客类

通常来说，这种视频网站拥有海量的用户流量，视频内容覆盖范围相对广泛，但自身对视频资源的控制力相对较弱，并不具备强大的内容生产能力，又因为由用户上传视频内容，质量往往参差不齐。

较高的运营成本是这类视频网站的一大痛点，作为其典型代表的酷六网于2009年就盛大收购；优酷坚持到了2016年，最终也被阿里收购，不过56亿美元的价格对优酷来说并不是一件坏事。

（2）视频点播或直播类

与视频分享网站类似的是，视频点播网站也拥有较大的用户流量。这类网站具有优质的视频内容资源，而且自身具备一定的视频内容生产及整合能力，是其一大优势，典型的代表有 21cn[1]、激动网[2]，以及以湖南卫视为代表的传统媒体等。

#### （3）P2P[3]（Peer to Peer Network，对等网络）播放平台类

通过 PC 及移动客户端获取忠实度相对较高的用户群体，是这种视频网站的一大主要特征。由于其内容主要为直播节目或长视频，基本不会存在版权争议问题，但进入门槛也相对较高，典型代表包括腾讯视频、爱奇艺（被其收购的 PPS 影音）等。

### 形式：碎片化与互文性

#### （1）碎片化

移动互联网使人们的碎片化时间与精力得到充分利用，作为满足广大网民视觉需求的微视频自然也要追求碎片化：主题明确，剧情紧凑，舍弃传统影视剧的复杂结构设计，开头及结尾都追求简化，将重点放在描述高潮部分。

微视频的碎片化属性，有效迎合了移动互联网时代广大网民的消费习惯。人们在等公交、排队付款、睡觉之前，都可以通过智能手机欣赏一部简短的微视频作品。但碎片化也意味着“快餐化”微视频被源源不断地创造出来，而那些引发人们思考、严肃庄重的视频愈发边缘化，所以，绝大部分的微视频产品都很难让人们获得那些经典影视剧所能创造的情感体验。

---

1 21CN 成立于 1999 年，中国电信全资子公司，中国十大门户之一，华南最大的门户网站，是中国电信旗下最具媒体价值及知名度、排名最靠前的互联网品牌。

2 激动集团成立于 2002 年 5 月，中国首家以数字内容为核心战略、以全面营销为基础的多平台数字媒体集团。2015 年 7 月宣布即将更名为“上海复娱文化传播股份有限公司”。

3 P2P，中文译作“对等网络”，即对等计算机网络，是一种在对等者（Peer）之间分配任务和工作负载的分布式应用架构，是对等计算模型在应用层形成的一种组网或网络形式。

### （2）互文性

20世纪60年代末，法国符号学家朱丽娅·克里斯蒂娃（Julia Kristeva）[1]首次提出了“互文性”概念：每一个文本都是建立在对其他文本借鉴并吸收的基础之上，它们作为彼此的参照物，密切连接起来，形成一个存在海量价值的开放网络。

微视频展现出的互文性特征，主要体现在作品中广泛运用改编、移植、组合、反讽等方式利用其他作品的内容及形式，因此，如果想要在这种微视频作品中感受到预期的娱乐效果，需要对其借鉴的作品有一定的了解。

恶搞视频受到了广大网民的一致青睐，它们通常是对已有的经典形象、影视、广告等方面的素材进行改编，用生动的语言及浮夸的动作表达某种主题。

这类视频的创作有的是出于娱乐目的，还有的则是为了讽刺、批判一些社会现象，如恶搞著名影星洗发水广告的微视频，在让网民体会到娱乐性的同时，也引起了人们对明星代言虚假广告问题的重视，推动监管部门尽快出台相关法律法规。除了明星外，广告、动漫、影视剧、经典文学作品等也是恶搞视频题材的几大主要来源。

## 内容：类型化、大众化与娱乐化

### （1）类型化

在移动互联网强大传播能力的影响下，类型化成为微视频内容的一大特征，它主要表现为微视频内容愈发同质化，人物形象相对比较单一。越来越多的微电影作品强调自己的身份标签，纷纷将自己的作品划分至时尚、青春、怀旧等各种类型之下。

当我们选择视频网站中的某种分类方式查看同一类型的微视频作品时，不

1 朱丽娅·克里斯蒂娃（Julia Kristeva），原籍保加利亚，1966年移居法国，现为巴黎第七大学教授。其知识履历横越哲学、语言学、符号学、结构主义、精神分析、女性主义、文化批评、文学理论和文学创作等多个领域，成为后现代主义的一代思想宗师。

难发现其中许多作品的故事背景、人物形象等都存在着许多相似之处。

（2）大众化与娱乐化

互联网具有的跨区域、覆盖范围广、互动性强等特点，赋予了微视频强烈的大众化色彩。而广大网民的普遍参与、在线视频成为主流网络消费品、创作者为了迎合广大民众需求等多种因素，进一步加强了微视频的大众化特征。

娱乐化向来与大众化存在着密切的关联，在追求娱乐体验的 80 后及 90 后渐成消费主体的背景下，微视频的娱乐性成为衡量其变现价值的一大重要指标。

## 1.1.3 个体时代的表达

### 网络个人传播理论

进入自媒体主导的移动互联网时代后，信息传递从一对一的单向线性传递演变为多对多的双向网状传播。在移动互联网的支撑下，人们的表达欲望得到全面释放。市场环境瞬息万变、高新技术不断取得突破，各种传统媒体及新媒体在不断探索发展途径的同时，也通过相互融合推动了整个媒体产业的转型升级。

互联网媒体平台在对传统媒体进行融合创新的基础上，建立了一套强大的信息处理及传播机制，使网民在消费微视频内容的同时，也成为微视频的创作者与分享者。如何推动更多的用户生产并分享微视频，成为微视频领域相关企业取得成功的关键所在。

自媒体时代，人们不希望自己发布的信息被平台干扰、限制，而是尽可能地表达出自己的真实想法。传统媒体时代的电视、报纸、杂志等对信息传播形成垄断的局面已经被打破，各种细分领域的社交媒体平台出现，让人们可以随心所欲地创造并传播信息。

具有独特魅力及个性的人们可以借助互联网平台成为拥有大量粉丝的网红、意见领袖等。人类社会从传统媒体主导的大众传播转变为个体主导的个人传播。从整个人类历史的发展进程来看，人类社会传播活动首先是个人传播，然后进入大众传播，如今又回归到了个人传播。

个人在互联网中传播信息是一种重要的创造知识的途径，它是个人进行社会生产的具体体现，并逐渐发展成为人们生活及工作的重要组成部分，对整个社会的稳定运转具有十分重要的意义。

## 网络传播满足个人的可能

在心理学的角度上，人们通过互联网传播信息主要是为了满足自我需求。美国社会心理学家马斯洛（Abraham H.Maslow）[1] 提出的需求层次理论认为，人们从低级到高级的需求与人的社会化进程存在着密切关联。当人的需求都未得到满足时，主要需求的满足将会比其他需求强烈得多。根据需求的优先级，马斯洛将需求分为生理需求、安全需求、感情需求、尊重需求及自我实现需求，如图 1-2 所示。

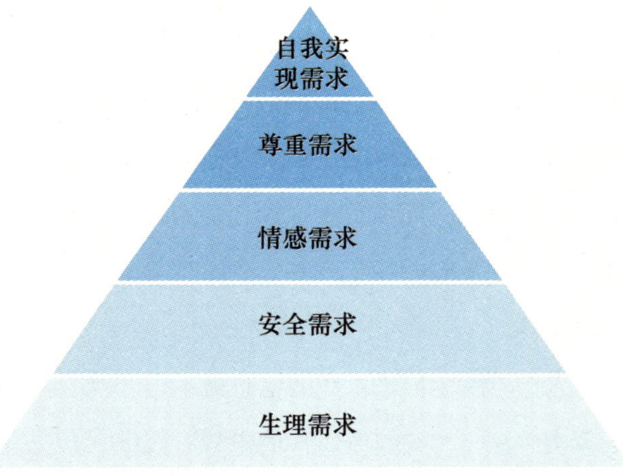


图 1-2　马斯洛需求层次

1 亚伯拉罕 · 马斯洛是美国著名社会心理学家，第三代心理学的开创者，提出了融合精神分析心理学和行为主义心理学的人本主义心理学，于其中融合了其美学思想。他的主要成就包括开创了人本主义心理学，提出了马斯洛需求层次理论，代表作品有《动机和人格》《存在心理学探索》《人性能达到的境界》等。

体现在信息方面，人们获取信息更多的是为了处理日常生活及工作中遇到的各种问题，从而满足安全需求；人们与他人进行交流互动，还为了满足感情需求及尊重需求，是一种个人社会化生活的重要体现；分享信息就是借助互联网平台，展示自己的知识、技能、经验等，从而满足自我实现需求。

自我实现需求是个体潜能最大限度发挥的核心动力，在自我实现需求的驱动下，人们朝着自己预期的目标不断前进，在为自身创造价值的同时，也在为社会创造价值。而平等、自由及分享的互联网平台无疑为满足人们的自我实现需求提供了广阔的空间。

（1）互联网中的信息传播者与目标受众之间是一种平等的关系。每个人都拥有传播信息的权力，而不是像传统媒体时代一样被电视台、报社、杂志社等组织垄断。很多时候，我们发现，社会中的突发性热点新闻的信息来源往往就是使用微博、微信、贴吧等社交媒体平台的广大网民。

（2）虚拟的网络世界使人们传播信息时不必暴露过多的个人信息，可以相对自由地表达自己的思想、观点等。人们在互联网平台中扮演的角色可以看作现实生活中的复制品，能够很好地帮助我们满足创造及传播信息的需求。

（3）互联网能够充分展现个性化的特征，使人们找到了满足自我实现需求的有效途径。人们可以根据兴趣爱好发表自己的观点、见解，而不用像传统媒体的内容生产者一样受到各种制约。

总之，互联网个人信息传播在极大地满足个体自身诸多需求的同时，也让个体的想象力、创造力等潜能得到最大限度的发挥。

## 微视频：“信息鸿沟”的又一次扩大

在信息经济时代，信息是最为宝贵的核心资产。就像物质与精神上有贫困者与富有者一般，在信息上同样也存在着“贫困者”与“富有者”。信息贫困者往往由于在信息资源方面的劣势，在与信息富有者进行竞争时处于绝对劣势，最终在物质上也会落后于信息富有者。这也是许多学者会研究信息鸿沟问题的关键原因。

本质上，这种由国家、地区及群体之间已经形成的社会发展水平的差距所造成的信息鸿沟，是难以避免的“积累沟”，具体体现在以下 4 个方面。

（1）互联网的接入及普及程度。在这方面，资金的限制成为主要原因，社会各个阶层之间的经济存在着巨大的差距。

（2）数字化时代所需的信息智能。群体不同，对互联网的应用能力不同，从中获取的价值也会不同。

（3）互联网中传播的内容。在互联网中，能够控制线上产品、在某一领域拥有较高话语权的个体及组织，能够从互联网中获取较高的价值。

（4）个体兴趣与动机。在现实生活中，人们总是倾向于关注那些自己感兴趣或者能为自己创造价值的信息。不同个体之间兴趣爱好的差异会使人们关注的领域不同，这在一定程度上也会造成信息鸿沟。当然，上述三点对个人兴趣与动机会产生一定的影响。

## 1.1.4 微视频的商业化探索

### 微视频的应用领域

在移动互联网时代，作为一种全新的信息传播方式，微视频爆发出强大的能量，在教育、媒体、信息情报及人机交流方面都存在着巨大的商业价值。下面将对微视频在媒体及教育两个方面的商业应用进行简单介绍。

（1）“微视频 + 媒体”

微视频创作、传播及消费门槛相对较低，利用智能手机、笔记本、PC 等都可以制作、观看并分享微视频，这有效解决了传统影视媒体产能不足的问题。微视频颠覆了专业组织生产、大众消费的传统信息传播方式，取而代之的是大众生产、大众消费的信息传播方式，在充分满足人们个性化需求的同时，有效推动了文化多元化的发展。

微视频传播具有低成本、实时性等特征，传统媒体难以媲美，而且，人们在观看微视频的同时，可以通过发送弹幕的形式与其他用户进行交流沟通，满足了人们的社交心理。此外，有感而发的用户还可以创作一段衍生视频分享给其他用户，从而获得了个人成就感。

（2）“微视频 + 教育”

传统教育大多是通过教师讲授的方式向学生灌输知识，而教学内容又主要以文字为主，难以为学生们带来良好的学习体验。而将信息承载能力强、生动形象的微视频引入教育，将可以通过更为丰富多彩的视觉体验激发学生们的学习兴趣。

更为关键的是，互联网具有开放、平等、自由的特点，使学生们可以选择适合自己的微视频学习知识，而不是被动接受老师讲述的内容。此外，学生们可以将自己在学习过程中的心得体会以微视频的形式上传到互联网平台，帮助其他学生提升知识水平。这不但有效激发了学生们在学习过程中的积极性，更让他们体验到了从被动学习转变为主动创造的乐趣。

随着互联网在全世界的推广普及，微视频在教育领域的应用越来越广泛，美国高校十分重视通过微视频提升学生想象力、创造力，许多老师自发在教学过程中使用微视频来拓展学生的视野。微视频在我国教育领域的应用，不同级别的学习应用不同，大学的应用较为普遍，而小学、初中、高中则由于信息化水平、传统思维束缚及升学压力等各种因素导致其在教学中的应用相对较少。

## 微视频的商业化探索

虽然微视频产业在国内发展得十分火热，用户也保持高速增长，但在价值变现方面至今仍未有企业取得实质性突破。以视频网站为例，包括优酷、爱奇艺、腾讯视频在内的视频网站都在积极尝试通过广告、会员、打赏等方式完成价值变现，但这些方式仍不成熟，也没有哪家视频网站能够实现盈利。

微视频作为一种全新的信息传播方式，要实现盈利并非是一件短时间内可以完成的事情，它需要相关企业经过长时间的探索。虽然微视频至今仍未使视频网站实现盈利，但毋庸置疑的是，其发展前景十分广阔。

兼具视觉及听觉体验的微视频作品，让人们在互联网中获得了更多的价值，从而吸引更多的人创造和体验微视频。仅从广告营销角度来看，我国作为一个拥有超过 7 亿网民的巨大潜在市场，未来微视频营销必将为广告主创造海量价值。

随着我国信息系统建设及城镇化建设进程的不断加快，越来越多的民众可以享受到微视频带来的视听盛宴，这无疑为广告主通过微视频投放广告提供了依据，而且，微视频广告成本相对较低、覆盖范围十分广泛，颇受广告主青睐。从微视频行业的发展状况及未来趋势来看，在相当长的一段时间内，广告仍将是微视频平台的主要收入。所以，如何吸引更多的广告商入驻平台，就成了视频网站亟须解决的问题。

视频网站要想解决这一问题，必须使用户、广告主与广告形式之间达到一种平衡状态。简单来说，用户规模要达到一定水平才能吸引广告主，而且要对广告形式进行创新，这样才既不会影响用户观影体验，又能取得良好的营销效果。

当下，将微视频作为传播载体的“草根广告”在企业互联网营销过程中得到了广泛应用，其在盈利方面的优势已经得到初步体现。“草根广告”具有以下 3 个主要特征，如图 1-3 所示。

图 1-3 “草根广告”的 3 个主要特征

（1）注重娱乐休闲

让用户在享受快乐的同时，不知不觉地接受广告内容，是“草根广告”的一大优势。在美国的微视频网站中，“草根广告”的应用十分普遍，凭借其低成本、高转化率的优势赢得了广告主的一致认可。

（2）注重运用科技

优酷、乐视视频等视频网站都在尝试使用借助大数据、云计算等高新技术了解并掌握用户需求，从而帮助广告主实现定制化营销推广。

（3）注重新鲜原则

在信息过载的时代，只有极具创新的优质内容才能更好地吸引用户流量，从而实现良好的营销效果。

2015 年以来，我国的微视频产业爆发出了强大的能量。虽然微视频作品质量参差不齐，也尚未实现产业化、规模化，但它却正在以不可阻挡之势深刻改变着人们的工作及生活，极大地拓展了人们的视野，带给人们前所未有的视听享受。就如《媒介理解：人类延伸》[1]一书中所表述的：“一旦出现一种全新的媒介，无论其传播的具体内容如何，这种全新的媒介形式本身将会给人类社会带来某种信息，并引发社会的某种变革。”

微视频为广大网民提供了一种全新的展示自己知识、技能的平台，也让人们拥有了传播信息及了解真实信息的渠道，从而为人类社会发展水平的进一步提升提供了强大推力。

## 1.1.5 微视频的发展现状

### 国外发展状况

世界范围内，YouTube[2] 无疑是微视频行业的典型代表，所有用户都可以用

1《理解媒介》的作者是 20 世纪原创媒介理论家马歇尔 • 麦克卢汉，本书主要讲述了一种电子媒介文化社会的图景，并对其发展趋向做出了某些预言。

2 YouTube，世界上最大的视频网站，早期公司总部位于加利福尼亚州的圣布鲁诺。

上传微视频的形式报道周围发生的一切。YouTube 平台提供的微视频内容十分丰富，如影视剧片段、MV 专辑、生活片段、搞怪视频等。

通过 Macromedia Flash[1] 技术，YouTube 为用户提供了复制并粘贴代码的功能，这可以让会员用户将自己的微视频以代码的形式和其他网站及电子邮件连接起来，还能够以邮件的形式向自己朋友圈中的好友发送影音文件。

2006 年 7 月，《纽约时报》表示："成立仅 1 年的 YouTube 日均流量已经超过 1 亿人次，这意味着我们即将迎来一个全新的互联网视频时代。"同年 11 月，谷歌宣布以 16.5 亿美元将 YouTube 收购。2015 年，YouTube 注册用户数量已经超过 10 亿人，日均用户观看时长达到几亿小时。

公众将自己在 YouTube 等互联网平台中上传视频的行为称为"分享"，而不是 Web1.0 时代及 Web2.0 时代的"发布"，这正是移动互联网时代"多对多"的信息传播方式颠覆了传统"一对一""一对多"的信息传播方式的具体体现。在高度开放、自由、分享的互联网环境中，微视频在短时间内实现了快速崛起。

## 国内发展状况

### （1）微视频在中国的产生

YouTube 的成功吸引了国内诸多创业者及相关企业的关注。从 2005 年下半年开始，国内切入视频领域的创业公司大量涌现，在谷歌宣布收购 YouTube 后，增长势头变得更为迅猛。据不完全统计，截至 2006 年年底，国内视频网站数量已经达到上百个。

---

1 Macromedia Flash，属于计算机软件领域，是美国 Macromedia 公司开发的专门用于制作二维动画的软件，导出的是 SWF 文件，适合在网络上流传，无论是专业还是业余人士都很喜欢。

### （2）微视频在中国的发展

2006 年，国内视频网站市场一片火热，陆续出现了优酷、土豆、六间房等各种视频网站。这些网站背后的创业团队都梦想着有一天能像 YouTube 一样取得巨大成功，但现实的情况却是高额的运营及管理成本导致大量视频网站面临严重的生存危机，被迫倒闭或转型的案例时有发生。

经过十多年的发展，国内的视频网站市场已经趋于稳定，优酷、爱奇艺、搜狐视频、腾讯视频几大互联网巨头布局的视频网站占据了绝大部分市场份额，即便是背靠数千万 80 后、90 后用户群体的二次元视频平台 A 站（AcFun 弹幕视频网）及 B 站（bilibili 弹幕网）也被互联网巨头纳入麾下。同时，部分细分领域的视频网站开始向直播、“视频 + 电商”等方向转型。

当然，能够将微视频存在的巨大潜在价值成功变现的绝不仅限于视频网站，微信及微博等社交媒体平台、自媒体创业者、直播平台、影视剧制作公司、广告公司等都有机会从微视频领域分一块蛋糕。

如今，微视频已经全面渗透了我们的日常生活，对身处移动互联网时代的广大网民而言，只要拿起手中的智能手机就能够随时随地地享受微视频给我们带来的乐趣。

## 1.2 微视频背后的商业生态体系

在互联网时代，网络平台在视频产品生产中发挥的作用愈发关键。相对于高度专业化、系统化的电影、电视剧、大型纪录片等视频产品而言，微视频产品十分大众化、平民化。而且，随着一些应用软件（如拍大师、KK 录像机等）、摄影工具（如智能手机、录像机等）及视频发布网站（如优酷、爱奇艺等）的迅速发展，微视频的生产门槛被大幅度降低。

具体来看，在微视频商业生态体系中，主要有 3 个核心参与者（图 1-4），即内容生产者、网络运营商、广告主。

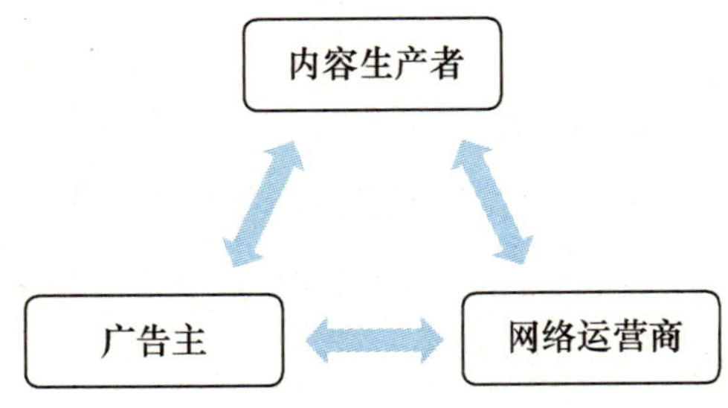


图 1-4　微视频商业生态体系的核心参与者

## 1.2.1　内容生产者：提供优质内容

在发展初期，微视频内容生产者主要是年轻群体，这一群体在社会中扮演的往往是非核心角色，因此对社会认同感、张扬个性存在着强烈的需求，这在微视频内容方面得到了最直接的体现。

随着网络视频产业的不断壮大，其释放出来的强大能量吸引了许多专业的视频内容生产者，这也意味着网络视频生产逐渐从用户创造内容的 UGC（User Grenerate Content）[1] 阶段转向专业生产内容的 PGC（Profsessional Generate Content）[2] 阶段。那些普通的网络视频生产者在表现自己个性的同时，也开始寻求利润回报，通过线上互动创造符合用户需求的内容产品，无疑是完成价值变现的关键所在。

现实中的很多微视频创作者会在制作内容之前，通过微博、微信等社交媒体平台与用户互动，帮助自己确定合适的剧本、题材。在生产系列产品时，也会在线上获取用户的反馈信息，从而对微视频不断进行优化调整。例如，国内首个网络互动电视剧《Y.E.A.H》每周一至周五播放，周末制作人员与网民进行互动，根据线上投票，对内容进行调整。

---

1 UGC，即用户生成内容。UGC 的概念最早起源于互联网领域，即用户将自己原创的内容通过互联网平台进行展示或者提供给其他用户。

2 PGC，即专业生产内容（视频网站）、专家生产内容（微博）。

迎合用户需求而对视频内容进行调整，将成为未来微视频创作的发展趋势。网民广泛参与的电视剧、微电影就像网络游戏一般，用户可以通过互动的方式在剧情的关键节点进行选择，从而直接影响最终的结局。这种参与感及体验感，会让用户的忠实度及付费欲望获得极大提升，最终培养出用户为优质内容付费的消费习惯。

最早的网络互动电视剧可以追溯到 2008 年的《电车男追女记》，该剧上传至 YouTube 后获得了广泛关注，2009 年该公司创作的《宅男最后的 120 小时》同样取得了巨大成功。互动微电影的典型代表是腾讯为其代理的枪战游戏《穿越火线》拍摄的《集结密令》，2011 年第一部播出后受到了广大游戏玩家的喜爱，2012 年年底又推出了第二部。

微视频创作者还尝试采用给予网民改编权的方式，为用户创造更多的参与感及体验感。2011 年，搜狐启动的“7 电影”计划中上线了“二手电影”活动，由专业导演提供影片素材，广大网民可以充分发挥自己的想象力对其进行改编，从而打破了影视剧由专业人员制作的传统机制，让更多的网民体验创造影视剧作品的快感。

## 1.2.2 网络运营商：搭建评价体系

此处的“运营商”，主要是指以优酷、搜狐、爱奇艺为代表的视频网站。为了获取海量用户流量完成价值变现，各大视频网站建立了一种从 C 端（Client，指客户端，如手机 APP）网民切入的内容评价体系，并借助这一体系对微视频创作模式产生了深远影响。

### 设置各类榜单直接展示网民偏好

视频网站推出各类排行榜，让微视频创作者充分了解广大网民的兴趣爱好，例如，有每日、每周、每月及年度排行榜，还有动漫、电影、电视剧、娱乐资讯等不同题材的排行榜，甚至还有用户好评榜、用户热议榜等。

### 通过内容编排影响创作者创造内容

对于不同的微视频，视频网站会为其在网页上分配不同的显示区域。除了结合网站自身的发展情况外，广大网民的意见、市场发展趋势及当下的热点等也是影响其位置分配的重要因素。

对于优质内容，视频网站也会给予一定的奖励，例如，新浪网按照视频播放量、评论数及搜索次数等指标对创作者上传的原创内容进行分级，符合条件的创作者每日可以获得 50 ～ 1500 元的奖金。

### 开展视频大赛发掘培育创作群体

目前，视频网站中的微视频的生产方式主要有两种：一是用户自己通过智能手机、摄像机、PC 电脑等设备制作而成的 UGC 视频；二是视频网站自己创作或者同第三方专业内容生产商合作创造的微视频，这类视频通常品质较高、制作周期较长。

在视频网站发展初期，依赖的主要是 UGC 类视频，虽然后来随着投资方的加入而具备了一定的生产及购买优质 IP[1] 的能力，但对 UGC 类视频仍旧高度重视。得益于视频网站推出的各类激励微视频分享的活动，缺乏有效规范、规模相对较小的微视频生产开始逐渐向产业化、规范化方向发展，各类优质微视频内容不断涌现，为广大网民献上了一次史无前例的视听盛宴。

## 1.2.3 广告主：内容植入广告

在 3 个微视频生产的主要参与者中，对微视频生产商业逻辑影响最大的当

1 IP，Intellectual Property，其原意为“知识（财产）所有权”或者“智慧（财产）所有权”，也称为智力成果权。

属广告主。与传统媒体中投放的各类硬广告不同，微视频中的广告实现了与内容的完美融合。

### 借助种子视频开展病毒式营销

能够被称为“种子视频”的微视频往往具备丰富的创造力及想象力，能够像病毒一般在互联网中实现迅速传播。例如，百度曾经推出的《唐伯虎》系列广告短片，仅上线一个月，转发人数就达到数千万人，而制作成本却仅有 10 万元。

病毒式营销的逻辑在于，为用户提供具备较强话题性的优质内容，并通过一定的激励手段引导用户积极转发，从而使融合了营销内容的产品在用户的社交关系网络中迅速扩散，最终达到为企业推广新产品或提升品牌知名度的目标。

### 在定制剧 / 微电影中进行品牌深度植入

广告主直接与提供内容的个体或组织通过合作生产微视频，往往在视频的内容、题材、选角、道具、音乐等方面拥有极高的话语权，这可以看作一种为广告主量身定制的广告短片。这类微视频发挥营销效果的逻辑在于，广告主将产品、消费观、品牌理念等与人物及剧情深入融合，在让用户欣赏视频内容的同时，还能对产品及服务进行营销推广。

百威与土豆网联合制作的爱情偶像剧《欢迎爱光临》将女主角的角色定位为超市工作人员，百威啤酒更是频繁上镜。百威几乎将其一整年的网络营销预算都花费在了这部网络电视剧中，而最终该剧取得的强大传播效果也证明了这种营销方式的巨大优势。

相对于网络电视剧而言，网络微电影更容易受到广告主的青睐。这是因为微电影的制作周期相对较短，从而可以与广告主的新品发布等营销活动保持同步，而且微电影的剧情、场景、角色可调整性更强，对广告主投放广告十分有利。

在视频网站急于通过创造更多优质内容吸引用户，广告主将越来越多的广告预算转移至线上的双重因素下，大量产品或品牌的定制版微视频开始不断涌现，如《春节，回家！》《4 夜奇谭》《66 号公路》《一触即发》等。

### 吸纳拍客力量参与 UGA 视频制作

UGA（用户生产广告内容，User Generated Advertising）是指通过视频网站为内容创作者及广告主建立连接，让广大网民帮助企业生产微视频广告，从而实现多方共赢。许多视频网站都着力培养一批优质的拍客团队，让广大拍客群体为广告主创造微视频内容。

#### （1）和广告主共同举办微视频赛事活动

2006 年 9 月，酷六网与伊利集团联合举办了“优酸乳中国首届酷 6 微视频大赛”，其中的一个条件就是，参赛选手创作的微视频需要为伊利优酸乳进行营销推广。

#### （2）为广告主打造热点营销事件

借助拍客团队的影响力，为广告主打造热点营销事件，再加上众多社会媒体组织进行联合报道，即可产生强大的传播效果。

优酷曾经为全球最大的茶叶品牌立顿推出“玩味下午茶”活动，对于参与活动并进行注册的用户，立顿可以为他的一位亲朋好友赠送一份下午茶，收到茶叶的用户要用自己手中的录像设备拍下收茶过程并分享至优酷平台。

### 1.2.4 不可阻挡的商业化浪潮

越来越多的视频网站正在通过基于价值变现所建立的内容评价标准，将大量的商业元素引入微视频中，并潜移默化地影响广大网民群体认可这种产品。因为广大网民才是最终决定微视频内容生产的核心所在，而在这种广大网民被商业化价值观深刻影响的背景下，微视频内容创作者很难使自己的产品脱离这种商业逻辑。

对于商业化会对微视频产生何种影响的问题，企业界给出了两种截然相反的答案。

悲观者表示，微视频催生了大众民主及反叛力量，微视频是一种自媒体，许多创作者不考虑政治因素及价值变现，更不用像制作传统影视剧作品一般需要经过严格的审查、招募专业的制作团队、耗费大量的拍摄资金等，所以往往随心所欲地表达自己的某种负面情感。

乐观者则表示，在商业化的影响下，微视频内容将得到极大拓展，表现力也会更为强大。虽然强调个性的年轻创作者会使微视频与主流文化存在一定的距离，但这一群体毕竟只是少数。为了追求价值变现，将会有越来越多的创作者使自己的微视频作品向娱乐化及大众化方向发展，最终形成一个系统而完善的微视频产业生态。

分析微视频未来的发展形态，应该建立在其所处的时代背景及商业环境之上。在发展初期，许多微视频作品确实表现出了一定的反叛色彩及负面情绪，但随着越来越多商业、社交元素的加入，这种作品已经是一种非主流的存在，大部分网民并不认可。

从创作者本身的角度而言，那些年轻的微视频创作者更多的是为了实现自己心中的“导演梦”。作为社会中的一名普通角色，他们并不拥有专业导演所具备的各种强大资源，但他们希望能用这种成本较低、传播效果较强的文娱产品引起外界的广泛关注，从而获得社会认同感。

从微视频兴起至今，国内市场也出现了一些优质作品，像《钱多多嫁人记》《一个馒头引发的血案》《大力金刚》《大史记》《雷锋侠》《春运帝国》等经典微视频作品更是长久不衰。在互联网的不断渗透下，各行各业的市场化进程正在不断加快，微视频从属的文娱产业正迎来快速增长期，文化商业化、产业化将成为未来的主流发展趋势。

脱离商业本质、只讲情怀的微视频很难取得成功，广大网民对于商业化的微视频作品也并没有悲观者想象中那般强烈，只要不像传统媒体一般依靠着自己的垄断性及独占性推送硬性广告，网民还是对商业化文化产品比较宽容的。

当然，也要保持微视频商业化与艺术性的平衡。在视频网站、自媒体创业者、微电影工作室、意见领袖、明星等个体及组织纷纷进入微视频产业的背景下，我们应注意到，过度商业化的微视频会对社会带来诸多负面影响。例如，一些视频网站建立的商业元素愈发强烈的价值评价机制，已经严重限制了创作者的想象力及创造力的发挥。

虽然微电影的制作成本相对较低，但由于创作这类作品的往往是学生群体，受经济条件限制，不得不依赖于广告商的支持。2011 年 12 月，互联网营销服务解决方案提供商“广告门”与新浪网联合举办了“金瞳奖微电影节”，最终评选出来的获奖作品全部是广告作品。颁奖当天，许多业内人士纷纷表示，按照这种审核标准，微视频最终将演变为一种加长版广告片。

作为一种文娱产品，微视频本身是中性的，而视频网站作为微视频的主流传播载体以盈利为目的，还被赋予了极高的话语权。但如果据此来断定整个微视频产业未来的发展方向，未免显得有些片面，毕竟相比动漫、影视剧等传统作品而言，微视频的发展时间较短，在资本及创业者不断涌入的背景下，未来究竟谁能成为主宰目前尚未可知。

在政府的政策引导及庞大的潜在消费需求的驱动下，微视频的商业化是一种必然趋势。而且，想让微视频产业真正爆发其潜在的巨大价值，也需要借助资本的力量。所以，对微视频商业化既不能一味排斥，又需要通过一定的法律法规及行业标准进行有效控制，在文化与商业之间达到一个平衡点，进而为微视频产业的发展打下坚实的基础。

# 1.3 视频新媒体时代的商业新模式

## 1.3.1 网络自制剧的商业价值

网络自制剧是以互联网为载体、网络受众为客体，由视频网站或者视频网站与影视公司合作，结合传统电视剧的制作方式，制作出来在网络平台或互联网终端上播放的网络剧。

现今，各大视频网站的影视剧同质化现象异常严重，一部剧在多个视频网站同时播放，使得视频网站逐渐失去了核心竞争力。网络自制剧富有特色的内容资源则帮助各视频网站摆脱了这一尴尬境地，增强了视频网站的竞争力，为视频网站带来较好的经济效益。而正因如此，网络自制剧也染上了商业色彩，具有了商业属性。

那么，网络自制剧有什么商业价值呢？能为视频网站带来什么呢？下面我们从网络自制剧的生产机制出发进行剖析。

生产机制一般包括两部分：一部分是生产体系的构造，另一部分是生产体系的运行。因而，网络自制剧的生产机制也分为两部分：一部分是网络自制剧的制作模式，另一部分是网络自制剧的盈利模式。

### 制作模式

由网络自制剧的定义可知，网络自制剧的制作模式有两种，一种是独立制作，另一种是联合制作，如图 1-5 所示。

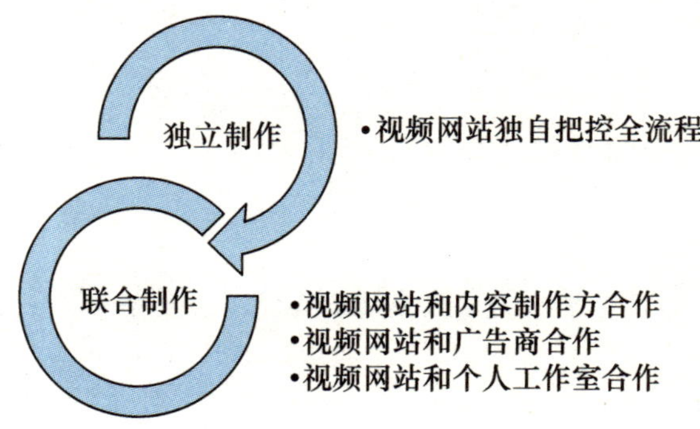


图 1-5　网络自制剧的制作模式

独立制作是指网络自制剧的主体——视频网站在制剧的过程中，独自掌控剧本、拍摄、出品、发行，独自享有版权。

联合制作就是视频网站联合影视公司共同参与网络自制剧的制作，一般来说，二者联合的模式有 3 种。

（1）视频网站和内容制作方合作。例如，2014 年火爆的网络制作剧《匆匆那年》就是搜狐视频与光线传媒联合制作的。

（2）视频网站和广告商合作。例如，2013 年的网络自制剧《我叫郝聪明》就是乐视网与每克拉美钻石联合制作的。

（3）视频网站和个人工作室合作。例如，2014 年的网络自制剧《谢谢你，纽约》就是乐视网联合田朴珺工作室共同打造的。

## 盈利模式

相较传统的电视剧，网络自制剧的盈利模式更多，如图 1-6 所示，包括通过广告收入盈利、通过版权输出获取收益、通过衍生品牌的延伸获利、通过移动流量的增长获利。

（1）通过广告收入盈利

广告收入可以说是网络自制剧最主要的收入来源。相较传统的电视剧来说，网络自制剧在插播、植入广告方面有很多优势，形式多、应月灵活，如冠名、植入、贴片广告等。

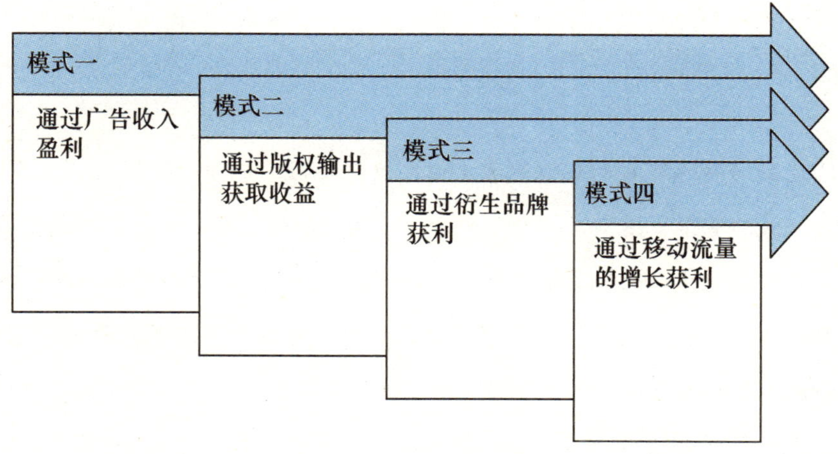


图 1-6　网络自制剧的盈利模式

例如，在搜狐自制的网络剧《钱多多炼爱记》中，在人物的打扮中可以植入宝岛眼镜的广告；人物居住场所中可以植入丽芙家居的广告；主人公的车子可以植入大众、奥迪的广告。在观众看来，这些广告和网络自制剧已经融为一体了，不会如传统媒体在电视剧插播广告一样反感。所以，在植入广告、插播广告方面，网络自制剧有着独特的优势。

（2）通过版权输出获取收益

有一些高质量、高影响力、高点播率的网络自制剧，会受到很多电视台的青睐，电视台希望通过播放这些网络自制剧来提升自己的收视率，会出重金购买网络自制剧的版权。甚至，一些优质网络自制剧的版权不仅在国内畅销，在国外也有很大的市场。

土豆的网络自制剧《欢迎爱光临》，其版权不仅卖给了国内的多家电视台，甚至还卖给了韩国、新加坡、日本等多个国家和地区，版权费最高时可达 3 万美元一集。

（3）通过衍生品牌获利

网络自制剧的火爆会带动周边产品的开发，而对这些产品、产业进行整合，可以打造一条完整的产业链，能为网络自制剧争取最大的收益。

优酷网的网络自制剧《泡芙小姐》走红之后，逐步开发了与《泡芙小姐》相关的音乐、图书、画册、公仔、玩偶、话剧等周边产品。不久之后，泡芙小姐旗舰店在天猫商城开业，主打《泡芙小姐》的周边产品，如玩偶、水杯、文具、创意礼品等。随着《泡芙小姐》周边产品的不断开发，泡芙小姐的卡通形象逐渐成为一个具有标识性的品牌。

爱奇艺网站播放的网络自制剧《白衣校花与大长腿》，该剧播出之后，其同名小说也同步出售。

在网络自制剧衍生品的开发中，需要注意的是，不是所有的网络自制剧都可以进行衍生品开发，需要满足以下条件：首先，内容质量好；其次，用户基础广泛。优质的内容才能吸引更多的用户关注，扎实的用户基础才能保证衍生品的购买力，才能推动下游产业链的发展。

（4）通过移动流量的增长获利

相较传统电视剧，网络自制剧更能了解观众的想法，更贴近观众的需求，也更受观众喜爱。例如，爱奇艺网络自制剧《废柴兄弟》的移动流量占比为 71.64%；而搜狐网络自制剧《极品女士》的移动流量占比达 75%。

## 1.3.2 泛娱乐时代的直播经济

网络直播以互联网为依托，将视频内容发布到互联网上，是借助互联网传播速度快、交互性能强、没有时空限制、受众可划分等优势，利用视讯进行现场直播的一种直播方式。

一般来说，网络直播可以分为两类：第一类是采集电视信号，将其转换为数字信号，输入电脑，以供用户观看，这时，电脑充当的角色就是“网络电视”；第二类是真正的“网络直播”，指在事件发生现场利用机器收集信号，将其导入导播端，再上传到网络，以供用户观看。相较前者，后者有很大的自主性，而且种类丰富，例如，可以对公司年会、展会、考试培训、听证会等进行直播。

在我国，大多网络直播平台的前身就是网络视频网站。以斗鱼 TV 为例，斗鱼 TV 的前身是 AcFun 视频网站旗下的一个生放送直播平台。由于二者之间的发展观念发生矛盾，再加之资金短缺，生放送直播平台独立了出来，更名为斗鱼 TV。

而当初 AcFun 生放送直播平台成立的原因就是其视频网站的投稿量不断增多，为了简化视频的上传流程，为了能让观众更好地和主播进行互动而成立的。所以说，网络直播平台的前身就是网络视频平台。

## 网络直播的概念

在新媒体时代，网络直播成了一种主流信息传播方式。

**网络直播就是以互联网为依托，借助于网络流媒体技术，根据现场事件的发生、发展传递信号，能够双向流通的一种信息发布方式。**其形式有很多，如文字图片直播、现场直播、访谈直播、会议直播、电视源直播、考试培训直播等。那么，什么是网络流媒体技术呢？

随着互联网技术的发展，我们的生活方式有了很大的改变。借助互联网，我们不仅能够浏览一些想了解的信息，还能将自己的作品（文章、视频、心得感悟、图片等）分享到网络上。随着网络普及规模的扩大、宽带的逐渐拓宽和网络容量的不断增加，网络流媒体技术就此诞生了。

简单来说，网络流媒体技术就是一种将压缩后的连续的声音、影像资料传递到网络服务器中，由服务器向用户随时随地地传送压缩文件，并且可以一边传送、一边观看的网络传输技术。该技术的出现颠覆了传统网络只能浏览、发布，不能下载的功能，实现了视频和音频的组合应用，为网络直播技术的发展和普及打下了良好的基础。

## 网络直播的特点

综合来说，网络直播主要具有 3 个特点，如图 1-7 所示。

图 1-7　网络直播的特点

### （1）便捷性

如今，越来越多的用户愿意使用便携式设备来接收信息，如手机、平板电脑、笔记本电脑等。随着无线网络的发展，这些设备都具备了接收流媒体信息的功能。

以前，直播主要靠电视接收和播放，时空限制较大，受众观看很不便捷。例如，你想着一场球赛，如果身边没有电视的话就不能看直播，如果想看，就只能在某个特定的时间段守在电视机前看重播。

而互联网的出现、网络直播的诞生刚好解决了这个问题。在互联网环境下，用户只需要随身携带能够接收流媒体信号的便携设备，连接网络，就能随时随地地看直播，十分便捷。

### （2）互动性

在传统媒体上，用户可以观看文字、图片、视频，从中了解某件事情的发生和进展，但是不能就某个事件发表自己的看法，受众之间、受众和主播之间缺乏交流。但是通过网络直播，用户可以在留言板或者论坛中发表自己的观点，受众之间可以相互交流，这种互动是传统媒体无法做到的。

（3）灵活性

在传统直播条件下，受到时间和空间的限制，受众完全处于被动局面，没有选择的余地。而在网络直播条件下，网络平台可以储存相关的视频信号，如果受众错过了某个直播，可以登录网络平台点播。相较传统直播网络直播将主动权交到了受众手中，有了更大的灵活性。

### 1.3.3 正在崛起的商业微电影

新媒体是相对传统媒体而言的。传统媒体就是包括报纸、电视、广播等在内的媒体形态，而新媒体是借助于数字技术、网络技术、移动技术，利用卫星、互联网、无线通信网等网络渠道和手机、数字电视、电脑等终端，向用户提供娱乐服务和信息服务的媒体形态。

在新媒体时代，手机阅读、手机视频、微博互动、微信互动、互联网广播、公交车电视等都成为人们日常生活的一部分。新媒体打破了信息接收的时空限制，使信息可以覆盖全球的每一个角落，使人们能够随时随地接收信息。而传统电影领域也借助于新媒体进行了革新，产生了一种新的影视艺术——微电影。

微电影就是微型电影，指借助新媒体平台传播的、具有完整故事情节的、能单独成篇也可系列成剧的、播放时间在 30 分钟以内的影片。这类影片的主题多元化，包括幽默主题、公益教育主题、时尚潮流主题、商业定制主题等。

微电影的崛起主要源于互联网，尤其是移动互联网的强大传播效果。作为一种传播工具或者连接工具（越来越多的人更倾向于互联网是一种新思想、新理念），互联网具备的独特信息传播方式为微电影的崛起提供了强有力的支撑，具体体现在以下几个方面。

**第一，互联网具有信息传播即时性特征，使微电影制作完成后，可以及时传递到互联网中，有效加快了信息传播的速度及效率。**而且，因为微电影无须像影视剧节目一样经过一系列复杂的流程才能接触到广大消费者，这使人们的即时消费需求得到充分满足。

第二，互联网具有双向传播信息的特点，企业将微电影广告上传至互联网后，用户可以就其内容与企业进行交流互动，一些真正热爱企业产品或品牌的网民甚至还会帮助企业制作衍生微电影作品。在这种良好的互动氛围中，企业能够搜集反馈建议，从而对微电影进行进一步优化。此外，微电影具有生产周期相对较短、制作成本较低的特征，这为企业对其进行优化改进提供了现实基础。

第三，基于互联网建立的各种细分社交媒体平台的出现，使得那些较为小众的兴趣爱好群体也具备了较大的规模，消费需求个性化特征愈发凸显。人们在互联网中按照自己的兴趣爱好及个性化需求有组织地聚集起来，从而使面向特定受众群体的微电影广告能够实现快速发展。

第四，人们建立的一个个互联网社群，在传播及分享信息的过程中发挥了十分关键的作用。而微电影广告也通过这种方式在网络社群内部及社群之间实现快速高效的传递。

第五，互联网具有的内容多样化、信息传播方式及渠道多元化特点，使自身具有较强的娱乐属性。而将艺术与营销实现深度融合的微电影广告，无疑能够让这种娱乐属性得到最大限度的发挥。而更加强调娱乐特性的 80 后及 90 后消费群体的崛起，进一步加快了微电影广告的快速崛起。

除了互联网外，用于制作微电影的软件及硬件的普及推广也为微电影广告的发展提供了强大推力。智能手机、摄像机、录像机等硬件价格不断降低，拍大师、KK 录像机等应用软件的功能越来越强大，即使没有相关技术及专业经验的普通人也可以制作自己的微电影。

## 第 2 章

# 平台战略：

## 视频网站的运营与盈利模式

# 2.1 视频网站的商业模式与盈利创新

## 2.1.1 视频网站面临的盈利困境

目前国内网络视频行业所面临的问题无非来自 3 个层面：资金、营销与受众。具体需要解决的问题包括：带宽与内容方面需要不菲的资金支持；终端服务的增强需要高清技术的支持；市场竞争太过激烈，需要想方设法留住用户；内容同质化日益严重，需要尽快摆脱这一困境等。

### 同质化现象日益严重，盈利困难

尽管国内网络视频行业呈现出欣欣向荣的发展态势，但细看之下却会发现同质化现象极为严重。究其原因，是因为目前的国内网络视频市场有着以下特点。

#### （1）收费模式单一，难以实现盈利

目前，国内的视频网站在收费这一模式上已经形成了一个基本定式，即免费与收费并存的一种模式。然而，付费模式在当前的发展并不乐观，基本无法为视频网站带来多少收入。

造成这一现象的原因可以从用户与视频网站两个角度来探究：对用户来说，他们习惯于免费观看各类视频，不习惯或者不愿意付费收看；对于视频网站来说，优质内容与用户是有限的，为了抢得先机不惜斥巨资进行“内容圈地”，于是在制定收费价格时没有统一的标准。

#### （2）营销模式易被复制

国内的视频网站其实也不乏创新的营销模式，但大多都在取得了较好成绩之后就被其他视频网站效仿，于是市面上就出现了许多换汤不换药的营销模式。

优酷早在 2008 年的时候就启动了媒体合作联盟，实施了“台网联动”战略，而其他视频网站在看到了优酷在品牌推广与收视率上所取得的骄人成绩之后，也开始模仿山寨这一策略，导致优酷凭借创新模式所带来的优势迅速瓦解。

## 投入成本过高，用户习惯需培养

### （1）成本投入过高

2005 年，视频网站在国内开始兴起，为了在激烈的市场竞争中站稳脚跟，各视频网站频出大招，不断增加投入成本与力度，提高宽带、技术等方面的水平，占据优质的版权资源。如今，整个行业已经进入了更深层次的竞争阶段。尽管如此，视频行业的盈利节点还是没有到来，大多数的视频网站还在费尽心思地“圈用户”，使得视频网站有了大规模的内容播放量以及用户数量，也因为投入过多处于亏损状态。

### （2）用户的消费习惯不易改变

据相关调查，用户愿意付费收看的视频内容一般都具备 3 个特点，即优质、清晰与高流畅度，所以在培养用户形成付费观看习惯的同时，使视频网站需要针对这 3 个特点不断进行技术与服务的提升。

## 视频网站火热背后的盈利困境

建立在完善技术平台基础上的视频网站，为广大网民提供了一种上传、观看及分享视频作品的有效途径。虽然网络视频存在着巨大的潜在价值，但由于长期以来绝大部分视频网站都处于严重亏损状态，许多业内人士对其发展前景并不乐观。

目前，我国视频网站的盈利主要是依赖广告收入。根据易观智库发布的

《2015 年 Q4 中国网络视频市场季度监测》，2015 年第四季度，优酷、腾讯视频、爱奇艺占据了国内网络视频市场广告收入排行榜的前三名，三者的市场份额分别为 21.3%、20.2%、19.0%。网络视频广告市场规模为 71.8 亿元，其中移动端贡献的收入比重达到 50.1%。

这三家视频网站都背靠互联网巨头，优酷属于阿里、腾讯视频属于腾讯、爱奇艺则由百度提供支持。从整体来看，国内视频网站市场形成了专业化视频网址、大型门户网站及客户端三足鼎立的局面。

国内视频网站的发展现状：行业门槛相对较低，但运营成本相当高昂，再加上购买优质版权所耗费的巨额成本，让许多视频网站不得不依靠频繁融资来生存。由于我国版权体系建设相对落后，视频网站刚开始出现时，为了吸引更多的用户流量，几乎都存在侵权现象。

在盈利能力严重匮乏的背景下，大量视频网站被迫倒闭或转型，经过持续的“烧钱大战”后，目前存活下来的专业级视频网站尚不足 10 家，而如何找到更为有效的变现途径已经成为目前视频网站亟须解决的痛点。

虽然国内视频网站已经建立起了“正版 + 免费 + 广告 + 会员”的盈利模式，但在具体实践中，这些盈利方式或多或少都建立在牺牲用户服务体验的基础上。因此，对于视频网站而言亟须解决的问题：如何优化与创新自身盈利模式，在创造平台价值的同时，也能让用户获取优质的服务体验？

## 2.1.2 视频网站的主要商业模式

### “正版 + 免费 + 广告 + 会员”模式

和依靠大量优质正版版权内容获取庞大用户流量，进而通过广告实现盈利的美国视频网站 Hulu[1] 不同，国内的影视剧版权相对分散，主要表现在被众多

1 Hulu 是由 NBC 环球和新闻集团以及迪士尼合资成立的一家网络视频网站，于 2007 年 10 月推出测试版，2008 年 3 月正式向启动，网站提供经过授权的正版影视作品和电视节目。

视频网站瓜分，因此国内视频网站业务模式表现出以下几个方面的特征：

（1）通过独占性的正版影视剧作品、增值服务（去广告、高清蓝光 1080p 等）等吸引用户开通付费会员；

（2）依靠广告收入，而不是让用户为内容付费，但目前的广告收入还远未达到让国内视频网站实现盈利；

（3）取得独家网络播放权，然后通过版权分销实现盈利的地步；

（4）大型传媒集团及风投机构共同投资的体外孵化型独立媒体创业公司。

专注于为用户提供正版高清视频内容的爱奇艺，其盈利模式主要为广告收入、版权分销及付费会员收入等。事实上，虽然爱奇艺背靠百度，但百度并不像 Hulu 背后的母公司美国国家广播环球公司一般，拥有海量的影视版权及广告资源，在高昂的版权成本及竞争对手抢夺优质 IP 资源的局面下，爱奇艺的发展受到了较大的限制。

为了解决这一问题，爱奇艺坚持从视频质量入手，将提升用户体验看作重中之重，通过招募专业的技术人才、加大资源投入力度等方式，为广大用户提供高清、流畅的优质观影服务体验。从短期来看，这种方式确实不失为一种有效的应对方式，但从长期来看，其并不具备较高的门槛，如果其他视频网站奋起直追，爱奇艺积累的优势会很快消失。所以，在未来一段时间内，爱奇艺仍需要寻求更高层面的创新。

搜狐视频（图 2-1）虽然没有 BAT 三巨头作为支撑，但其本身作为国内四大门户网站之一，在多年的发展过程中不乏一些优质资源，如旗下的搜狗搜索引擎、搜狗输入法及搜狗浏览器等都在各自领域有着不错的表现。但未来搜狐视频要想实现快速崛起，仍需要在商业模式上进行创新。

搜狐视频是“正版＋免费＋广告＋会员”盈利模式的典型代表。而与大部分采用这种模式的视频网站不同，搜狐不但购买 IP 资源，自身也创造了一些优质 IP，覆盖电视剧、电影、动漫及综艺节目，原创内容所带来的版权收益也为其贡献了部分营收。

图 2-1　搜狐视频 App

不像上述有着强大后台支撑的视频网站，乐视视频（2016 年年初由“乐视网”更名而来）并没有强大的资本巨头提供支持。乐视视频的特殊性在于，虽然乐视也提供免费视频，但其也上线了专属会员内容频道。

凭借技术团队的不懈努力，2013 年乐视为中国联通建立起了国内第一个手机电视技术支持平台，并制定了与之相匹配的手机视频技术解决方案。此外，乐视视频还是首个布局互联网机顶盒的互联网企业。目前，乐视研发的超级电视、智能手机、电视盒子、路由器等智能硬件为乐视打造全网融合的闭环生态打下了坚实的基础。

事实上，视频内容领域出身的乐视，在发展过程中不但不断巩固自身在该领域的优势地位，更通过探索智能硬件产品、电子商务等全新领域极大地扩展了自身的业务范围。

### UGC 模式

用户创造内容的 UGC 模式是互联网深入发展的一大产物，用户在视频网站中不再仅是内容的观看者，同时也成为创造者及分享者，其典型代表包括优酷及酷六网。

2012 年 3 月，国内两大视频网站优酷与土豆合并的消息，引发了社会各界的广泛关注，更让许多网络视频行业从业者大感意外，因为在两家网站宣布合并之前还在因为版权问题相互起诉。二者的合并宣告着国内首个统治级视频集团的诞生，此后，国内的视频网站行业步入了一个全新的发展轨迹。

虽然土豆与优酷合并后仍保持独立运营，前者强调青春、个性，后者突出大气、励志，但土豆用户向优酷大量转移也是一个不争的事实。

在业务模式方面，优酷与酷六网在为用户提供优质视频内容观看及下载服务的同时，也积极引导用户上传及分享原创内容；在向海内外购买 IP 资源的同时，也积极尝试培养内容创作团队，强化自身的内容生产能力。此外，用户创造并传播广告内容的 UGA 模式，也为视频网站释放内容资源的营销价值指明了路径。

优质内容资源是吸引用户流量、与品牌商建立稳定合作关系的核心所在。让用户广泛参与的 UGC 及 UGA 模式也将成为视频网站建立核心竞争力及实现创新发展的必由之路。而能够将二者结合的视频网站，必将在网络视频这块潜力无限的市场大蛋糕中获取巨额的回报。

## 2.1.3 视频网站盈利模式的创新

### 广告形式的创新

网络广告是视频网站普遍采用的盈利方式，目前国内的视频网站迫于投资方及运营成本方面的压力，对广告业务的重视程度大幅度增加，因此为品牌商提供了各种全新的营销服务解决方案，使广告主可以根据自身的需求投放广告。

但在视频广告业务不断走向成熟的同时，用户的服务体验却呈明显下滑之势。例如，在电视节目中被禁止的中途插播广告行为在视频网站中却是普遍现象。所以，在广告层面上进行优化及创新时，应主要从提升用户体验方面切入。为此，视频网站可以尝试以下 4 种方式，如图 2-2 所示。

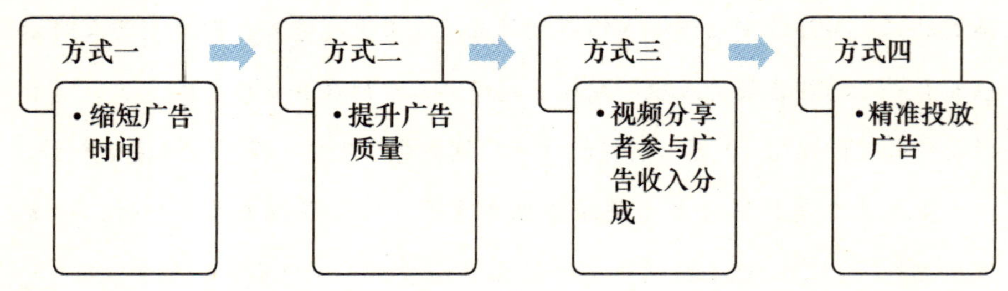


图 2-2　视频网站进行广告创新的方式

### （1）缩短广告时间

毋庸置疑的是，广告时长会直接影响用户对网站的重复访问率、在网页或客户端中的停留时间。例如，一些比较简短的动漫（通常为 20 分钟左右）如果在片头插播 3 分钟广告，再加上前情回顾、下集预告，必定无法给用户带来良好的观影体验。为此，视频网站应该尽可能地缩短广告时间，而从国外的实践来看，广告时长应该控制在几秒到十几秒之间。

### （2）提升广告质量

视频网站可以结合品牌商的营销需求，尝试将广告制作成精美的短片或者微电影的形式播出，在提升营销效果的同时，还能带给用户更为优质的观影体验。

### （3）视频分享者参与广告收入分成

通过一定的激励手段回馈视频内容创作者，能够极大提升他们的创作热情，进而使他们创作出更为优秀的视频作品。事实证明，人们对于优质内容中广告的抵触情绪要小得多。

（4）精准投放广告

视频网站可以与百度、360、UC 等搜索服务商进行合作，掌握用户的搜索数据、页面停留时间等信息，从而帮助广告主实现高效精准的营销推广。

## 版权来源的创新

在吸引用户流量方面，视频网站内容的质量及数量发挥着十分关键的作用，但真正起决定作用还是版权控制。在发展过程中，几大国内视频网站都曾遇到版权纠纷问题，无论是侵权者，还是被侵权者，出现版权纠纷问题都会对视频网站的品牌形象产生一定的负面影响。

从 2009 年 6 月各大视频网站纷纷加大打击盗版行为力度以来，国内的盗版乱象已经有所改观。2010 年年初，我国成立了“中国版权协会互联网版权工作委员会”，各大视频网站纷纷响应国家号召，积极签订《中国互联网行业版权自律宣言》。

避免版权纠纷问题对视频网站的发展具有十分重要的意义，视频网站具体可以通过以下几种方式控制版权纠纷风险。

（1）引导用户上传并分享自己的原创视频作品，并且制定严格的审核标准对这些内容进行考核。

（2）提升自身优质视频内容生产能力。

（3）通过投资影视剧制作公司、影视剧及综艺节目等，布局内容生产端，从而避免版权纠纷。

（4）购买优质内容的正版版权。

（5）那些有着足够资金支持的视频网站，可以尝试买断优质 IP 的互联网版权，然后借助版权分销的模式获取收益，使自身拥有首映优势的同时，也可以创造较高的收益。

## 用户收费模式的创新

国内视频网站在培养用户为优质内容付费的消费习惯方面，一直未曾放弃努力。早在2009年8月，56网就上线了付费视频平台——56看看，其商业模式与C2C电商颇为相似：内容创作者将优质内容上传至56看看平台中，并规定观看价格，对该视频感兴趣的用户可以通过免费试看的方式决定是否付费观看。视频上传者可以获得90%的收益，余下的10%归56看看所有，但这种付费模式最终以失败告终，56看看也早已停止运营。

在国内消费者普遍认为内容应该免费的背景下，收费牵动着每一个用户的神经，视频网站决不可草率决定对某种产品或者服务进行收费，否则造成用户大量流失，绝不是任何一个视频网站希望的结局。在收费问题上，视频网站可以尝试通过以下3种方式提升用户服务体验。

### （1）通过差异化方式提升付费用户的体验

运营方应该严格控制付费视频的数量，而通过为付费用户带来差异化体验的方式，提升用户付费积极性。

这是因为，目前视频网站的主要收入来源于广告业务，如果付费视频数量太多，很容易造成大量用户流失，进而导致广告主终止投放广告。此外，一家视频网站绝大部分的付费用户都是从免费用户转化而来，赶走了免费用户就相当于失去了许多潜在的付费用户。

### （2）借助包月会员的形式发展付费会员

从用户本身的角度来看，每次观看视频内容都要付费相当麻烦，而且，基于冲动消费的心理，视频网站应该尝试包月会员的形式。视频网站可以通过为付费会员提供个性化及差异化服务，满足用户的虚荣心，如绚丽的个性化装扮、特殊的图标及勋章等。在这方面，腾讯QQ的做法可谓相当精明，绿钻、蓝钻、黑钻、黄钻等彰显身份的图标吸引了大量用户为之买单。

当然，对于付费会员，视频网站为他们提供的服务应该拿出足够的诚意，如免广告、可以观看超高清品质视频等。

### （3）提供个性化的增值服务

针对不同兴趣的用户，视频网站可以尝试推出一些差异化的增值服务，例如，为动漫爱好者提供收费的优质视频资源，为体育爱好者提供高清赛事直播，等等。

## 增值互动活动

增值互动是一种全新的视频网站的价值变现方式，常见的短信互动、网络投票、打赏虚拟物品等都是其典型代表。

PPTV 与凤凰制作团队共同创作的首部网络互动剧《YEAH》，将剧情的发展交给广大观众决定。在整部作品中，用户群体共有 10 次机会决定剧情走向，在剧情转折的关键节点，用户可以通过登录官网，并投票支持自己喜欢的剧情走向。

这种开放式剧情的影视剧作品极大地提升了用户参与的积极性，在观影过程中，人们不仅是内容的消费者，也是内容的生产者，同时，人们的积极互动带来了极强的话题效应，为广告主及视频网站都创造了巨大的价值。

优酷也曾推出类似的网络互动剧，如《我是传奇》《让梦想飞 中国最牛人》等，这些作品借助用户的积极互动，都取得了良好的传播效果。需要注意的是，视频网站必须确保用户进行互动的内容具有较高的质量，可以使用户从中获取一定的价值。

### 业务模式的创新

移动互联网迅速普及的背景下，视频网站的战略布局决不能仅限于 PC 终端，移动终端的价值同样十分惊人。数据显示，截至 2016 年 6 月，我国手机网民规模已达 6.56 亿。

相对 PC 终端，移动终端的竞争显得格外激烈，传统视频网站、手机品牌商、软件开发商等都有机会成为主宰者。视频网站需要高度重视的是，目前小米、华为等手机品牌商，都在其智能手机产品上为用户提供了专属视频客户端，虽然远未达到预期效果，但它们能够通过智能手机掌握移动终端流量入口，绝对是随时可能爆发的潜在竞争对手。

对视频网站而言，选出适合自己的业务模式显得尤为关键。

（1）与电信运营商进行合作，共同为用户提供定制版硬件、软件等。2015 年 6 月，乐视宣布与中国联通达成战略合作，将为用户提供定制版手机，拥有该手机的用户每月可以免费使用 6G 流量。

（2）为用户提供应用软件包月免流量增值服务。多米音乐上线了“沃多米一包月畅听”业务，当用户订购包月服务后，有效期内使用该软件将不会收取流量费用。

（3）和手机开发商进行深度合作，将视频网站作为预装软件植入移动终端。

（4）布局智能电视市场。虽然电脑早已进入寻常百姓家，但电视仍是一个家庭中不可或缺的产品。由于智能电视产品本身拥有着海量的视频资源，使其已经具备了一定领先优势。例如，乐视将视频资源引入其研发的乐视超级电视产品中，并推出付费会员增值服务来完成价值变现。

## 2.1.4 新市场环境下的突围之道

随着广电总局进一步加强了对网络电视和电视盒子的监管力度，我国视频网站的发展受到了一定的限制，仅靠抢夺优质 IP 资源很难让其实现跨越式发展。如何在新的市场环境下找到突围之道，将成为目前各大视频网站亟须解决的重点问题。

具体来看，视频网站可以尝试在以下几个方面寻求突破，如图 2-3 所示。

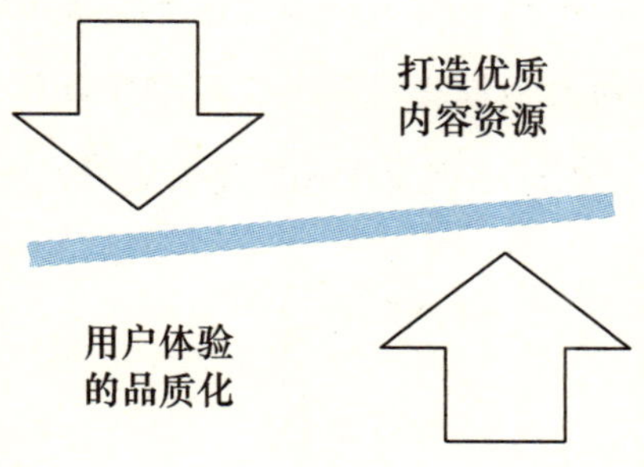


图 2-3　视频网站的两大突破思路

## 打造优质内容资源

支撑视频网站的始终是优质的内容资源，而那些成本相对较低、创新性较强的原创内容无疑是视频网站最为宝贵的核心资源。优质 IP 资源虽然具备强大的影响力，但其高昂的成本令不少视频网站望而却步。而且，优质 IP 本身就是稀缺资源，在各个视频网站的争抢下，单个视频网站能够获取的优质 IP 数量着实有限。更为关键的是，原创内容几乎不会引发版权问题，使视频网站能够有效避免版权纠纷带来的风险。

随着我国经济的发展及消费结构升级，网民对视频内容的消费需求发生了重大转变，人们迫切需要丰富多元的优质视频内容，满足自己的个性化及差异化需求。这也将推动我国视频网站的视频内容规模更为庞大、覆盖的范围更为广泛。

在视频网站追求视频内容差异化发展的背景下，一些垂直细分的视频应用得以成功落地。2010 年，酷六网“酷 6 云中剧场”网站上线，该网站为用户提供具有正版版权的电影、电视剧等长视频内容，这将与酷六网重点鼓励用户分享原创短视频内容的定位形成较大的区别，从而能够网罗更多的忠实用户。

而激动网主打正版视频内容，在多年的发展过程中已经建立起了覆盖全国的版权分销网络。公布的数据显示，与激动网合作的中小网站数量高达上千家。视频点播、手机视频、广告营销是激动网的三大盈利方式。借助版权分销网络，激动网不但能利用中小网站帮助自己分担版权成本、提升品牌曝光量，还可以从这些网站中获取庞大的用户流量。

## 用户体验的品质化

互联网为广大网民提供了一个平等、自由的发展平台。但对视频网站而言，互联网中有太多的事物能够吸引用户的注意力，获取用户相对容易，但如何留下用户却是一个难题。而在诸多影响用户黏性的因素中，服务体验无疑是最为关键的因素。

美国视频网站hulu的广告投放成本甚至比YouTube平台高出一倍，但仍有大量的广告主愿意在hulu上投放广告，其中最关键的原因就是其能够为用户带来更为优质的服务体验。

在一些细节方面，hulu的优化程度是其他视频网站远远无法实现的。例如，hulu为用户提供的视频节目的广告时长仅为普通电视节目的1/4；在观看电影前，如果用户选择观看电影预告片，就可以不用观看广告；hulu提供的“降低亮度”功能，能够直接让屏幕中除了视频播放窗口以外的所有画面全部变为灰色等。

市场研究机构发布的数据显示，在我国视频网站性能用户体验排行榜上，56网（现在已经并入搜狐视频）的用户服务体验有目共睹。成立于2005年的56网，在发展过程中一直坚持鼓励用户分享、互动、娱乐，在用户服务体验优化方面，56 网投入了大量精力，稳定而流畅的用户服务体验正是其研发团队精耕细作的结果。

但优酷作为国内视频网站中的领军者，其用户服务体验却饱受用户诟病，视频播放卡顿、广告信息过多、广告时间过长等严重影响了用户体验，部分用户表示自己在优酷上观看一个仅为 5 分钟的短片，其广告竟然长达 2 分钟。广告时长对用户观影体验有着直接影响，过长的广告只会让用户去浏览网页或者在手机上刷朋友圈来消耗这段时间，广告主根本无法获得预期的营销效果。

在优化用户服务体验方面，如果视频网站不予以足够的重视，长此以往，必然会导致用户大量流失。而没有了用户流量，广告主自然也不会继续投放广告。

事实上，随着视频网站之间的收购兼并事件频发，部分中小视频网站向细分市场转型，国内的视频网站行业格局已经相对清晰，背靠互联网巨头的优酷、腾讯视频、爱奇艺、搜狐、乐视占据了大部分的市场份额。当然，这并不意味着创业者已经没有发展机遇，VR、直播等新兴业态崛起爆发的能量，足以撼动已经趋于稳定的视频网站行业格局。

随着我国网民规模的不断增长，视频网站仍存在着巨大的发展空间。本质上，视频作为一种文娱消费产品，在任何时候都存在着庞大的消费需求。近年来，网络视频的价值逐渐得到了企业界的一致认可，已经在网络视频市场占据一席之地的视频网站需要不断创新自身的盈利模式，才能使存在海量潜在价值的网络视频产业摆脱持续烧钱的尴尬境地，从而为我国经济的崛起注入新的活力。

## 2.2 大 IP 时代，打造精品内容战略

### 2.2.1 视频平台的“内容争夺战”

早在 1996 年，微软创始人比尔 · 盖茨就在其《内容为王》一文中提到，

借助互联网平台渠道的内容传播能创造巨大的利润。互联网的发展已经印证了比尔·盖茨的先见之明：“内容为王”的时代下，除了阿里巴巴这种以提供交易平台和服务为主的网站，绝大多数网站的生存发展都离不开内容的有效传播，只不过内容的形式更加多元——文字、软件、音乐、游戏、视频等。

在当前发展火爆的网络视频领域内容，特别是优质内容在吸引和留存受众方面展现出越来越大的价值，成为个人、平台、机构等市场参与者争夺的关键资源。

作为平台的核心与引流的关键，国内当前的网络视频竞争可以分为3个层次：

**（1）是否具有能够吸引用户的，多元化的正规版权内容；**

**（2）能否为用户提供流畅、清晰的视频观看体验；**

**（3）能否提供可以有效留存用户的交互式内容体验。**

其实，这3个层次竞争的核心和关键仍是内容，对优质内容的获取和布局也一直是网络视频平台顺利生存、成长的关键。如果说以往视频平台通过标榜自身的草根性来拉近与受众的距离，吸引和留存用户；那么今天视频分享网站引流的关键已变成能否为用户提供更多优质的专业影视剧内容。

其原因在于：一方面，经过前两年的集中爆发后，大众对于UGC类内容已经度过了最初的猎奇体验阶段，更加注重内容的质量，而以原创和草根为代表的UGC在这方面显然不具任何优势；另一方面，随着泛娱乐产业的快速崛起，优秀影视资源已成为视频网站吸引用户的利器，对这些内容的争夺也愈发激烈。

在网络视频领域，用户数和点击量是视频平台获取价值的核心要素，而影响用户数和点击量的关键在于平台是否拥有足够吸引人的海量、多元的优质内容。

优质内容可以帮助视频网站聚合起庞大的用户群；规模庞大的用户群体必然会吸引众多以此为目标受众的第三方在视频网站中进行营销推广，从而为网站带来丰厚的广告收益；收益的增长又能帮助视频网站获取更多的优质视频内容。如此，视频网站便构建出一个良性循环的运作机制，获得了更广阔的价值想象空间。

虽然向受众呈现的都是可看可听的影视内容，但网络视频与传统电视媒介最大的不同在于，其内容具有可搜索、碎片化、可组合、可链接等独特属性。同时，影视内容仍是当前网民娱乐消遣的重要方式，是大多数人进入视频网站的主要目的。因此，各视频网站内容布局的重点与核心仍应是影视资源。

从传统门户网站来看，网易将其视频平台定位为“互联网电视台”，能够为用户提供全国 100 多家电视台的直播和点播，同时还聚合了几千部高清正版电影和过万集的电视剧资源；新浪则将布局重心从以往的新浪播客转向视频媒体化领域；搜狐也制定了影视剧方面的布局策略，并强调对正版影视的保护。

各视频分享网站也不甘落后，在内容呈现和编辑方面不断创新，投入更多的资源、精力布局影视内容，如优酷的“合计划”、土豆的“黑豆高清战略”等。同时，随着泛娱乐化时代的到来，偏向娱乐性和生活性的影视内容越来越受到用户的青睐，成为视频网站布局的重点。

中国网络电视台（CNTV）也极具特色。虽然内容方面依托于央视，但网站本身有着独立的节目采编和制作团队。同时，除了与其他视频网站相似的内容布局，CNTV 还依照内容类型纵向设置了新闻台、综艺台、搜视台、播客台、电影台、电视剧台、纪录片台等。这使 CNTV 看起来更像一家互联网化了的电视台，内容的主要载体从传统的电视转移到了互联网平台。

影视类内容是吸引和留存用户的关键。上述各类视频平台中，属于“国家队”的广电不论在内容资源的规模还是质量方面显然都极具优势；而门户类和视频分享类网站天然的互联网基因使它们更具用户思维，能够通过内容呈现和编辑上的创新为用户带来意料之外的“惊喜”，从而在互联网商业运作方面占据优势。

世界著名的媒体文化研究者尼尔 · 波兹曼[1]（Neil Postman）在《娱乐至死》中向人们阐述了一个重要内容——“形式决定内容”。随着各类社会化新媒体的不断涌现和发展普及，这一观点愈发重要：在信息极度膨胀和快速流动的互联网时代，首先要做的是通过内容呈现形式的创新来吸引用户的注意力，然后才能通过优质内容继续留存用户。

传统媒体在这方面显然处于弱势，虽然在内容的规模、质量和生产方面具有优势，但想要“玩转”网络视频市场，更关键的是打造出符合互联网特质的信息传播和内容呈现方式。通俗地讲，对于转战互联网的传统媒体来说，真正的挑战不是“说什么”，而是“如何说”。

### 2.2.2 视频网站内容生态产业链

视频网站的内容资源可分为两类：**一是网站自有资源，二是网站外部资源。**前者是指网站自主生产的原创性视频节目，如嘉宾访谈和社会热点点评。这些原创视频内容虽然采用的是传统视频内容制作方法，但在呈现形式上有所创新（如鼓励用户在观看视频节目时进行实时评论等），更加契合互联网传播的特性，体现了传统媒介与互联网媒介的融合趋势。具有较强内容生产能力的传统门户类网站和广电类视频网站，常通过自制的方式积累视频内容资源。

数量庞大、品类多元的视频分享网站，其内容资源则主要来自电视台、影视制作公司等外部专业性的内容生产机构。获取方式包括：购买视频内容的网络播映权甚至是独家播映权，通过广告收入分成的方式与内容生产者或供应商

1 尼尔 · 波兹曼，世界著名的媒体文化研究者和批评家，生前一直在纽约大学任教并在纽约大学首创了媒体生态学专业。

合作等。

电视台在内容生产方面具有人才、政策和资源优势，在电视剧、电影、栏目等不同类型的视频内容方面都有一套较为完善的投资、制作、发行和传播机制。

由于具有内容生产商和传播者双重属性，电视台掌握了网络视频价值链的上游和下游，有着十分优越的发展条件；同时，随着各类视频分享网站对电视台内容的网络播映权争夺的加剧，电视台在内容版权方面的收入也不断提升。

影视公司是影视内容生产制作的主体，但由于缺乏自身的内容分发渠道，风险管控能力较弱。不过，随着各类互联网视频平台的大量涌现，影视公司对电视台等传统内容传播渠道的依赖性下降，有了更多的选择；而这些新兴的网络视频网站对影视公司的优质内容资源也有着迫切诉求，从而推动了双方的合作共赢。同时，一些实力雄厚的影视公司也逐渐认识到了网络播放平台的重要性，开始通过各种方式对网络视频进行布局。

**UGC 类的内容也是视频网站内容资源的一个来源，且这些用户创作的视频内容更加个性、丰富、多元，容易吸引不同层次的受众。**不过，这类视频内容在持续性和质量方面难以保证，因此逐渐成为视频网站中正版内容的一种补充。

内容获取成本是视频网站在发展竞争中无法绕开的重要问题，特别是在影视剧内容的版权费用不断攀升的情况下更是如此。

当然，不同类型和背景的视频网站在内容成本方面的具体问题也有所差异。例如，广电系视频网站在内容积累方面具有很大优势，不会在内容获取特别是版权问题方面有太多困扰。只有在想获取一些特殊权限的时候才需要付出更多代价，如获得某个剧目的网络首播或独播特权。

与之相比，各类新兴的视频网站在获取优质内容、争夺版权方面需要付出的代价就高得多。特别是涉及内容投入和产出的版权问题，由于本质上是对产业利润的分配，因此更受业界的关注。

对于主要通过外部渠道积累内容资源的网络视频平台来说，可以通过两种方式解决视频内容的版权问题：**一是直接向版权方支付一定金钱，获得视频内容版权的授权；二是与版权方合作，通过利益分成的方式获取内容资源。**

不过这两种路径创造价值的前提是，网络视频平台构建了具有持续盈利能力的商业模式，能够实现“购买版权—营销赢利—购买版权”的良性循环。只有网络视频平台本身具有强大持续的价值创造能力，才能获得更多内容制作者、提供商、版权方的认可和青睐，从而在网站运作方面拥有更多的选择和想象空间。

另外，一些有实力的视频网站也逐渐向产业链上游渗透，希望通过对视频内容制作领域的布局改变内容资源受制于人的局面；这些具有互联网用户思维的视频网站进军影视制作领域，有利于缓解国内优秀影视剧供需失衡的状况，更好地满足用户个性、多元的视频内容诉求。

“内容为王”时代，优质内容成为吸引和留存用户的关键。不论是门户网站、网络电视台还是视频分享平台，都必须以内容为本，将更多资源和精力放到对优质视频资源的获取和积累上，以满足受众对视频内容的多元化、高质量诉求，从而聚合起庞大的用户群体，为后续的价值创造提供坚实的基础和广阔的想象空间。

### 2.2.3　乐视：生态战略下的内容布局

2016 年 5 月 24 日，《亲爱的翻译官》在湖南卫视金鹰剧场、乐视视频、芒果 TV 同步播出。这部由乐视视频、剧芯文化、嘉行传媒合作推出的 IP 剧受到广泛追捧，播出三周后，乐视视频平台的点播量就接近 29 亿次。

另一部剧《好先生》由乐视视频、柠萌影业、陕西文投艺达投资有限公司和北京长江文化股份有限公司联合出品，引起了广泛热议。

2016 年 5 月 26 日，乐视视频与中国电视剧协会达成了长期战略合作，并成为将于2016年10月举行的第28届电视金鹰奖的网络展播和投票平台。

2016 年 6 月 7 日，乐视视频在上海电视节上正式召开了备受业界关注的“剧毒盛宴”发布会。乐视视频公布，将在投资、金融、影游联动等诸多板块进行多达 150 亿元的战略布局，还发布了 53 部超级 IP 剧，将与慈文传媒、华策克顿集团、柠萌影业、新文化集团等 40 家顶级内容制作公司进行战略合作。

内容是网络视频企业的核心资源，决定着视频平台对用户的吸引和留存能力。但是，网络视频平台不仅需要积累大量优质内容，更要通过对内容的高投入和精运营为用户提供优质的观看体验，通过对内容的整合为广告主或第三方提供创新性的营销服务解决方案，围绕优质内容拓展商业模式的想象空间。

简单地讲，生态化是网络视频平台应对日益激烈的内容市场竞争的重要方式，而内容，特别是多元优质的内容则是构建强大的内容生态系统的根基。在这方面，乐视做得十分成功，具有典范意义。

乐视以多年积累的优质内容为根基打造生态闭环，又以独特的生态协作机制对内容进行反哺，从而构建出一个极具价值想象空间的网络视频生态系统。同时，基于自身在视频版权分销方面的优势，乐视还在垂直内容、电视剧产业链、自制内容与 PGC 内容等方面不断发力布局，以进一步优化完善内容生态网络。

从具体实践来看，乐视的生态化建设取得了不俗的成绩：不论是 2015 年底上映的《太子妃升职记》、“十年剧王”《芈月传》，还是 2016 年上半年备受追捧的《亲爱的翻译官》《好先生》，都是由乐视出品，体现了其在 IP 全产业链布局方面的强大能力。

乐视视频网站数据显示，《亲爱的翻译官》播出 3 周后在乐视视频全终端的播放量接近 29 亿，每天有大约 1 亿用户观看；同时，在这一热门剧的带动下，乐视视频 APP 的下载排名也上升到首位，实现了内容与平台的交互强化、双向共赢。而随着《好先生》《女不强大天不容》等更多热播剧的推出，乐视平台将挖掘出用户的更深层价值，为生态系统中其他环节的引流奠定基础。

乐视打造的“平台＋内容＋终端＋应用”的生态系统，以视频内容服务为核心和根基，内容是生态系统中其他环节的入口和驱动力；同时，内容生态的不断成熟优化又提升了乐视自身的媒体价值和平台价值，能够聚合起更多的资源参与到内容生态建设中，进而通过平台、终端、应用等的协同增强生态系统的整体竞争力。

网络视频的生态化建设不是一朝一夕之功，乐视的成功得益于其长期以来有意识地进行内容积累和 IP 全产业链布局。具体来看，乐视的内容生态化过程大致经过了以下几个阶段，如图 2-4 所示。

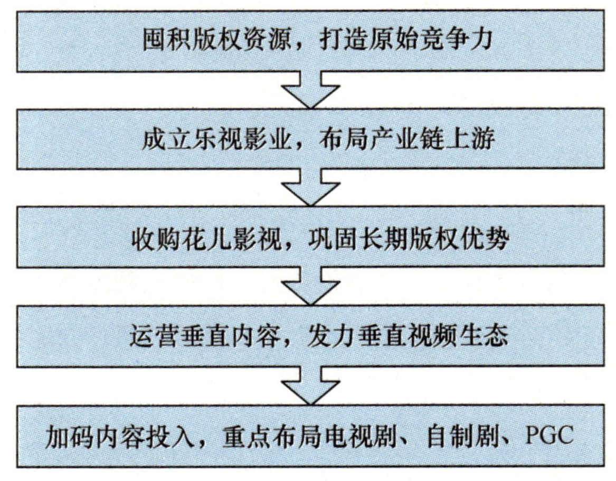


图 2-4　乐视的内容生态化过程

## 囤积版权资源，打造原始竞争力

早在 2005 年，乐视就开始通过购买版权积累内容资源，甚至当时在版权收购方面的支出占到了企业总成本的 1/3。当前乐视版权库中电视剧的数量已达到 10 万集。随着视频网站对优质内容资源争夺的白热化，乐视的这一早期布局带来了极大的竞争优势，不仅能通过版权分销获得可观的收入，也能通过优质版权在内容端构建起强大优势。

2011 年乐视财报显示，乐视通过网络视频版权分销获得了 5302.2 万元的收入，在企业总收入中的占比高达 59.5%。同时，优质版权内容带来的庞大用户流量，也大大提升了乐视的广告媒体价值，使平台流量变现具有了更大的想象空间。

### 成立乐视影业，布局产业链上游

2011 年 12 月成立的乐视影业，是国内电影互联网产业的领军企业，也是业内最具商业价值和创新能力的电影公司之一，其业务不仅涉及电影制片、宣传发行和版权运营，还包括为用户提供从线上到线下的全方位观影和增值服务。

2016 年 5 月 6 日，乐视网宣布将以 98 亿元的对价购买乐视影业的全部股权。这极大地强化了乐视网在内容生态产业链上游的布局，从而切入线下内容发行体系，实现对影视内容全产业链的布局，并推动广告营销、会员付费、硬件销售等方面的发展，为乐视生态系统创造更多的变现机会。

### 收购花儿影视，巩固长期版权优势

作为乐视网版权内容合作方之一的花儿影视，曾在《甄嬛传》项目合作中为乐视网创造了巨大价值。2013 年 10 月，乐视网收购了花儿影视，以便借助该影视公司强大的内容制作团队实现对优质版权内容的持续性获取和积累。2015 年，花儿影视制作、郑晓龙导演的历史大剧《芈月传》，在乐视全终端的播放量超过了 125 亿次。

同时，收购花儿影视也是“乐视网内容精品化战略”的重要体现，有利于战略性的增强乐视在原创内容制作和运营方面的能力，增强其“版权 + 技术”双轮驱动的优势，吸引和留存更多用户，为其创造商业价值提供更大的想象空间。

## 运营垂直内容，发力垂直视频生态

除了积极布局影视、综艺等受众覆盖范围广泛的热门内容，乐视网也没有忽视对垂直视频内容的深耕布局，利用自身在平台、终端、应用等方面的优势，发力打造垂直视频内容生态。

2014 年乐视网以乐视体育频道为基础成立了乐视体育，并获得了英超、温网、欧冠、CBA 等众多国内外赛事的版权资源；除了采购精品赛事资源，乐视体育还围绕体育赛事自制了多档体育栏目。

乐视音乐与汪峰、周云蓬、邓紫棋、SNH48[1] 等联合推出线上音乐现场直播节目，并引入了格莱美音乐颁奖典礼的直播。当前，乐视音乐已成为国内最大的线上音乐直播平台。

另外，2015 年 11 月，乐视网还针对儿童教育领域推出了乐视儿童频道，拥有英文原声内容、课间操、运动课等视频课程资源，并能够保持资源的持续更新。

## 加码内容投入，重点布局电视剧、自制剧、PGC

面对日益激烈的版权内容争夺战，越来越多的网络视频企业开始将眼光瞄向了自制内容。同样，“乐视网内容精品化战略”中精品自制内容也是十分重要的一环，上面提到的乐视收购花儿影视就是精品自制战略的体现。

乐视网推出了《太子妃升职记》《你看起来很好吃》《十周嫁出去》《睡在我上铺的兄弟》等众多大获成功的自制网络剧、电影、综艺。根据乐视视频网站的数据，《太子妃升职记》的全网播放量超过 34 亿，单日最高播放量达到了 2 亿；同时，《十周嫁出去》还成功反向输送到安徽卫视。

---

1 SNH48 是由上海丝芭文化传媒有限公司打造的中国本土化大型女子偶像团体。

PGC 方面，乐视网曾宣布将从 2016 年开始持续投入 70 亿元布局 PGC 内容，实现 PGC 内容的培育、运营、分发和商业变现。通过内容精品化战略，乐视一方面坚持外购版权内容，另一方面又通过题材广泛且具有互联网基因的自制内容、PGC 内容增强内容资源的丰富性和多元化，以吸引更多用户，进一步提升乐视品牌的影响力和内容生态的整体竞争力。

电视剧方面，乐视已打造出版权购买、花儿影视、乐视自制等多元化的内容获取渠道，并在内容制作、出品发行、版权分销、多屏播放、衍生品开发等产业链多个环节进行布局。同时，乐视视频还计划 3 年内投入 150 亿元优化影视剧内容全产业链，并将日益成熟的内容生态平台开放给全行业，以推动更多精品影视内容的诞生。

经过多年的深耕布局，乐视网的内容生态已基本形成，并不断优化成熟。不仅完成了影视剧全产业链的生态布局，在电影、综艺、体育、音乐等垂直内容方面，也构建出外部购买、关联公司协作、PGC 合作、自制等多种内容渠道；同时，乐视网还围绕用户核心视频服务不断向内容价值链上游的开发运营和下游的终端硬件拓展，从而形成了广告营销、增值付费、硬件销售、内容发行等多元商业模式，获得了更大的价值创造空间。

互联网泛娱乐化背景下，网络视频市场竞争愈发激烈，通过内容和用户资源的积累，视频平台开始向视频内容产业链的上下游两端拓展布局，以实现视频全产业链的整合，并通过跨界合作为用户提供具有丰富多元内容的数字娱乐消费生态系统，充分满足人们的诉求。

在这方面乐视为同业者提供了很好的借鉴。乐视多年来在视频全产业链的深耕布局使其能够为视频平台持续输出优质内容，增强终端用户黏性和消费欲望，并提升应用层的价值；同时，终端和应用价值的提升又能够对内容形成反哺，拓展内容在商业运作和价值变现方面的想象空间。这样，乐视以内容为根基构建的网络视频生态系统，通过各环节的紧密协同和兼容延展实现了交互促进与强化，从而在竞争激烈的网络视频市场中建立起坚实的优势壁垒。

# 2.3 “三网融合”下的视频营销策略

## 2.3.1 微视频时代的营销策略

在电视网、电信网和互联网融合发展的背景下，视频载体也由电脑屏开始向手机屏和电视屏迁徙，原本独属于互联网的内容有了更广阔的展示平台。在微视频时代，这种变化是企业和营销团队面临的首要问题。在这样的时代背景下，视频营销应该选取什么样的策略呢？如图 2-5 所示。

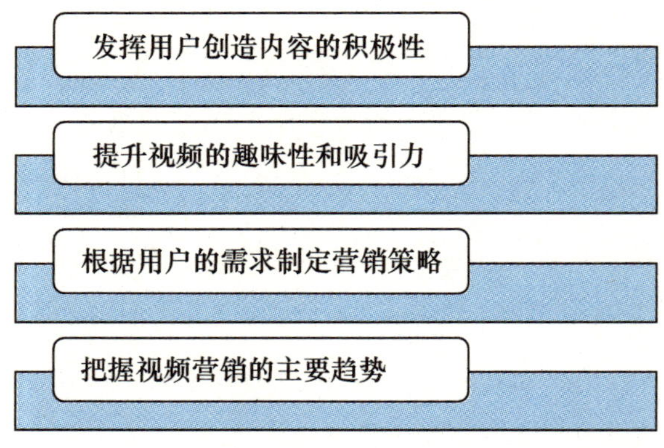


图 2-5　微视频时代的营销策略

### 发挥用户创造内容的积极性

在视频营销时代，用户和企业所处的地位是一样，用户所担任的角色也是多样化的，可以是内容的消费者，也可以是内容的传播者、创造者。根据第 38 次《中国互联网络发展状况统计报告》，截至 2016 年 6 月，中国网民规模达 7.10 亿，因此网络视频用户的数量也已经达到数亿级。

在创造视频内容方面，我国网民展现出了巨大的创造力，这种创造力需要一个平台展现出来。企业可以借此机会邀请用户来参与内容创造：一方面，企业可以顺应形势需要给用户一个展现才华和创造力的平台；另一方面，可以通过用户的创造力来实现视频内容的创新。

2009 年，胡戈为阿里巴巴量身定制了一个广告视频，该广告视频与当时美国总统遭受飞鞋袭击的热点相结合，在网络上疯狂传播，点击量达千万次，视频的名字就是《鞋战》。这个富有创意的广告在疯狂的传播过程中帮助阿里巴巴赚取了很好的口碑。

之后的 2010 年，优酷网率先出击，打造了两部原创网络自制剧，其点击量在一周以内均破千万，跃居优酷网最受关注的视频之首。

由此可见，在微视频时代，企业完全可以打破以往视频制作的局限，放开手脚，鼓励用户发挥积极能动性和创造性，让他们为企业、为产品创造内容，以迎合新时代受众的喜好和需求，以创造更佳的口碑，提升营销效果。

### 提升视频的趣味性和吸引力

在传统的视频营销过程中，受到视频时段和时长的限制，企业往往会将视频精简再精简，使得很多信息遗失。在电视网、电信网和互联网融合的背景下，企业在视频播放平台方面的选择非常多样化，要想开展视频营销，完全不需要再考虑视频的时长问题，自然也不需要再对视频进行简化，就能将想要传达的信息完整地传达给消费者。

为了不让消费者在观看视频的过程中产生疲惫、厌烦心理，就要增强视频的趣味性，使其对受众产生强烈的吸引，让受众观看视频时能和观看一部喜爱的电影一样保持亢奋的状态。只要做到这一点，即便企业将广告视频做得像电影一样长都可以，观众一样会很喜欢。

### 根据用户的需求制定营销策略

企业做好营销的重要一点就是要迎合消费者的需求。也就是说，企业在开展营销的过程中要切实倾听消费者的意见，了解消费者的真实需求，以调整营销战略，从而取得很好的营销成绩。

在传统的营销环境下，这一点说起来简单，做起来很难。但是三网融合之后，在广电企业和电信企业双向进入的背景下，企业不仅可以以原有体系为基础传递产品信息、企业信息，还能在传递信息的过程中及时获得消费者对产品和营销服务的反馈，甚至还能依靠视频终端实现实时交易。鉴于此，企业在制订营销计划的时候，可以朝着双向接入的方向适当调整。

在进入微视频时代之前，企业在营销的过程中，在某个视频网站投放一些创意广告就能赢得消费者的注意。但进入微视频时代之后，企业仅仅投放创意广告的策略失灵了。为了达到营销效果，企业在投放广告的时候要考虑怎样才能让消费者积极地参与其中，怎样才能促使消费者达成交易。

## 把握视频营销的主要趋势

### （1）产品将通过视频直接买卖

企业营销部门的主要任务是什么呢？选择合适的时段投放广告？还是选择合适的节目投放广告？在微视频时代，视频营销所产生的价值是无法预测的。例如，企业营销部门在开展视频营销的过程中，可以将视频的一端与工厂相连接，另一端与销售终端相连，用户在观看视频的过程中就能购物。

当然，这种购物模式和电视购物是不同的，它不需要用户死盯着购物广告不放。假设一个情境：用户在使用遥控器玩电视游戏的过程中饿了，就可以通过遥控器从电视上购买面包、火腿肠等食品来充饥。

### （2）消费者也可设计购买想要的产品

随着时代的发展，消费者已经不满足于大众化的消费体验了，产生了一些独具个性的消费需求。企业要想做好营销，就要想方设想地满足消费者的这些个性化需求。满足需求首先要做到的就是获知需求。

在微视频时代，消费者可以在视频终端表明自己的消费诉求，企业就可以根据消费者的消费诉求来改变产品或服务，切实迎合消费者的喜好。在这样的营销模式下，企业能省去很多中间环节，节省很多市场费用，消费者也能获得最满足的消费体验，一举两得。

虽然，三网融合[1]给了微视频营销无限的“可能”，但是这些“可能”的实现还需要时间，还需要等待。

首先，我国的三网融合还没有真正实现，相关的管制机关正在较量，企业需要时间等待三网融合的真正实现；其次，视频投放需要一个很好的平台，例如，视频投放平台还不完善，还没有出现诸如 CCTV 一般具有超强影响力的平台。

目前，诸如优酷等有影响力的网站没有取得新闻牌照，企业在开展视频营销的过程中，部分视频广告考虑到这一点就不会在这些网站投放，导致这些网站的盈利受损。而拥有新闻牌照的大多是一些国家级视频网站，它们的影响力较小，对广告主没有吸引力。因此，企业需要时间等待合适的视频投放平台出现。

## 2.3.2 构建差异化的营销优势

### 移动客户端的差异化

随着移动智能设备的进一步普及，互联网领域的战火已经蔓延到了移动客户端上了。如今的移动客户端，除了是各家视频网站的必争之地之外，还是一个重要的创新平台。相关数据显示，早在 2014 年优酷 APP 的累计用户量就已

1 三网融合是指电信网、广播电视网、互联网在向宽带通信网、数字电视网、下一代互联网演进过程中，三大网络通过技术改造，其技术功能趋于一致，业务范围趋于相同，网络互联互通、资源共享，能为用户提供语音、数据和广播电视等多种服务。

经率先突破了6亿。这充分地显示了用户观看视频的途径已经从PC端过渡到了移动端。

对当下的移动终端来说，能够吸引并沉淀用户的关键点在于视频的加载速度、画质的清晰度、人性化的服务与否以及内容的优质程度等。也就是说，最初受众要求的播放流畅程度与视觉效果已经不再是最重要的吸引点了，所以视频网站应该与时俱进，持续增加新的服务功能。

PPS为了方便用户在各种终端上连续观看，添加了一项绿尾巴功能，用户只需将各终端相互碰撞建立设备配对即可；百度视频则基于百度地图的优势添加了雷达功能，可以方便用户查看周围的人都看过什么内容；搜狐在社交功能上下足了功夫，将新闻客户端嵌入了视频板块，还针对iPad终端设置了自动上传服务；爱奇艺将高清化视为主打，同时也添加了离线缓存的功能；至于优酷，则是立足于用户浏览体验，打造了跨屏追剧功能。

视频网站转战移动客户端，考虑的最主要的问题就是功能模块与用户界面。一般来说，视频移动客户端的功能设置得比较齐全的，基本的搜索、分类、下载、书签四大菜单功能皆有呈现。

各大视频网站在用户界面方面也表现出了不同的特点：PPS对完美兼容显示内容非常注重；百度视频在频道设置方面表现出了新颖、细致的特点，但却稍显冗长；搜狐较为注重功能的灵活使用，设置了片库、热点、缓存；爱奇艺则呈现出了大气精美的界面，在“发现”这一功能栏中有风云榜等推荐设置；优酷将重心放在了内容模块化上面，为了方便用户选择，在推荐视频上还有内容简介。

进入多屏时代以来，随着移动智能设备的广泛普及，各大视频网站为了抢夺市场与用户，都将跨屏观看当作有力武器。需要注意的是，**视频网站唯有在使用功能、用户界面与操作等方面探索出自己的特性，向用户提供差异化的服**

务，才有可能开发出深受欢迎的移动客户端。

## 所提供内容的差异化

互联网的高速发展为大众带来了浩如烟海的信息，也产生了信息高度过剩的状况。在此背景下，想要获取用户的注意力、占领用户市场，就必须提供差异化的优质内容与服务。

（1）差异化探索的相同举措：网络自制剧与自制节目

自制内容是各大视频网站都颇为青睐的探索差异化的一个举措，原因就在于自制内容的性价比比较高：就制作成本而言，自制剧就能够为视频网站节省一大笔资金，比起购买影视版权来说，能够节省 2/3 甚至更多；自制内容还能够降低视频网站对版权内容的依赖，能够聚揽一批忠实用户。如此一来，视频网站就可以形成多产业链条，还能够出售自制剧版权，触发新的利润增长点。

如今，各大视频网站几乎都有了自己的网络自制剧，例如，搜狐的《屌丝男士》、优酷的《万万没想到》、爱奇艺的《灵魂摆渡》，等等。

质量较高的网络自制内容大大缓解了视频网站优质内容同质化、高额版权费导致的内容分销现象，此外，自制内容还能够发掘优秀的草根制作团队，提升内容制作的质量与品质，探索相关的商业化模式，逐步形成一个健康有序的产业链条。

（2）差异化探索的不同特点

视频网站在探索差异化上虽然尝试了相同的措施，但因在视频内容的购买与制作等方面显示出的特点不同，在内容与推广方面也表现出了不同的侧重点。

2013 年 8 月，土豆联合理念一致的品牌德尔惠推出了助力原创的“土豆映像计划”，通过项目孵化、商业支持、创作培养、传播展映、线下交流等 5 个部分，全面助力青年原创导演。近年来，优酷参与了《窃听风云 3》《黄金时代》《等风来》多部电影的制作，逐步形成了自己的电影产业链。

乐视为了确保能够为受众提供最热门的内容，专门组建了一个购买内容版权的团队，此外，还以线上播放的新剧为模本，在线下推出同名漫画书，为改编成电影做进一步推广；搜狐与制作出了《中国新歌声》的灿星制作达成了战略合作，将其制作的一系列综艺节目及相关衍生产品的独家权益揽入了怀中；凤凰视频充分发挥了自身的优势，推出了多档自制节目，涉及题材非常广泛，如《SUPER 妈咪》《全民相对论》《又来了》等。

目前，视频行业正处于整体发力的发展阶段，而其主要的方面就是为受众提供差异化的内容与服务，因为单一的、同质化的内容资源已经无法满足受众日益多样化的需求了，唯有将优质、多元的资源组合起来，才能够进一步传播品牌，吸引更多的用户。**在当前激烈的市场竞争中，谁拥有足够的版权内容与自制内容，谁就能够在差异化中形成强有力的竞争力。**

### 构建商业模式的差异化

对于当前的视频网站所处的竞争形势，单单购买版权是远远不够的，必须要将从制作到渠道的整个内容产业链都掌握在手中。所以，各大视频网站在加大力度进行内容生产的同时，也寻求与产业链上游的合作并购。

乐视网的目标是打造一个“平台 + 内容 + 终端 + 应用”的乐视生态，在广告、终端、会员、发行等各方面都有布局，在内容上更是走精品路线，精品版权大剧与优质自制内容双管齐下。优酷的内容策略是以“均衡”“全面”为主，其原创自制内容已经取得了不菲的收入，成为网站营收最重要的构成部分。在百度的支持下，爱奇艺采取了多屏营销的方案，并对自身重新进行了定位，成为综合性的新主流媒体；而 PPS 则主打视频娱乐与游戏娱乐。

总体来看，各大视频网站都在积极整合优质资源，为了谋求新的发展而不断尝试、开发新的模式，目前较为主流的尝试模式有软硬一体、平台分享、网台互动等。

目前，国内主流视频网站在内容资源的提供上都有了一定的保障，用户能够更为稳定、安全地观看视频。视频网站对优质的差异化内容实施收费措施，能够在很大程度上提升用户体验，并提高付费用户收看视频的意愿，从而形成一个良性循环。与此同时，视频网站根据自身的特色制定出差异化的营销模式，可以迅速扩大影响力。

经历了飞速发展的视频网站市场，现已进入了更深层次的竞争之中。**想要赢得未来，视频网站就必须充分发挥自己的渠道优势与资本能力，进一步整合、掌控内容产业链条，采取差异化营销来解决前进路上的绊脚石。**

### 2.3.3 爱奇艺：大数据时代的内容营销

随着互联网技术的发展，大数据时代已经来临。视频网站作为新媒体产业的一项重要组成部分，视频内容与终端是互联网视频企业发展的核心。随着视频行业竞争的日趋白热化，优质的内容资源能够吸引更多的品牌商，从而为企业平台带来更多的广告营收，而品牌元素与内容资源的“强强联合”，则进一步突显了精准营销模式的商业价值。

纵观国内视频网站的市场格局，多家大型视频网站共同发展又相互厮杀，能够在市场上占据较大份额的有以下几家：爱奇艺、腾讯视频、优酷、搜狐视频、乐视等。值得一提的是，爱奇艺仅用短短 6 年的时间，便在众多的视频网站中脱颖而出，成为视频网站市场上的一匹黑马。

截至 2016 年 6 月，爱奇艺 APP 创造的优秀业绩如下：日均用户数为 1.2 亿，行业排名第一；月用户数 3.1 亿，行业排名第一；使用次数约 180 亿次，行业排名第一；使用时长约 30 亿小时，行业排名第一。

爱奇艺不仅在同行业中首屈一指，同样也是全互联网领域的佼佼者。当前，爱奇艺 APP 在中国互联网应用软件排名中位居第三，仅次于微信与手机 QQ。

作为国内领先的互联网视频平台，爱奇艺将大数据内容营销作为未来发展的一项重要战略。下面我们来具体分析一下，在大数据时代背景下，爱奇艺在内容营销策略有何独到之处。

## 加强“网台联动”：从形式走向内容

网台联动是现代跨媒体合作形式的一种，通过网络与电视台的合作，达到播出、宣传、互动、效果反馈等目的，实现两者双赢。采取网台联动策略，一方面，网络平台需将电视台的服务项目嵌入，如网站设置电视节目或电视剧的观看入口；另一方面，电视台方面需帮助网站提高知名度，如在电视节目中加入网站广告。

2016 年最新的统计数据表明，电视日均收视时长明显低于视频网站，前者仅为 1.68 小时，而后者已超出 1.8 小时。可见，广电媒体正在逐渐走向下坡路。

为更好地促进广电媒体的发展，应从内容上增强网台联动，这也是促使电视台完成转型的关键所在。现阶段，视频网站与广电媒体对节目内容的个性化与差异化要求基本趋同，若促使两者融合联动，必能发挥新旧媒体平台间的互补优势。

视频热度可以从播放时长与观看人数两个因素进行考量，按照以上两项指标进行分析，所得出的热门视频排行中，综艺节目与电视剧位居前列，尤其是冠以版权的综艺与电视剧更为火爆。依据企业发展现状完成对热门视频的采购，往往是在线视频企业进行广告营收的手段，也是增强企业竞争实力的关键。

## 针对用户特点，引进优质节目资源

爱奇艺对优质的节目资源十分重视，不仅购进国内热门节目，同时深入国外市场，选择优质的节目资源引进自家平台。

90 后、00 后构成了爱奇艺受众的主力军。而年轻群体对节目娱乐性的需求较高，爱奇艺针对年轻受众的群体特征，引进了大批优质综艺节目资源，如图 2-6 所示。以《娱乐百分百》《康熙来了》《国光帮帮忙》《大学生了没》《冰冰好料理》等为代表的综艺节目，成为年轻受众关注的重要板块，此外“重磅推荐”“韩国综艺”“爱奇艺出品”等，也为爱奇艺用户提供了更多的综艺选择。

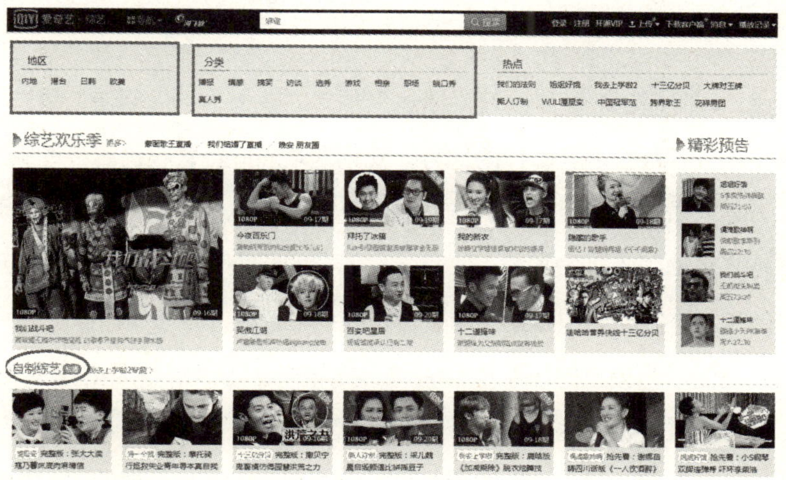


图 2-6　爱奇艺综艺频道

爱奇艺对优质节目资源有着独到的见解，为此敢于投入资本，不惜走向国际市场引进资源，从而为爱奇艺创造了大量忠实受众，这一点上，其他视频网站只能望其项背。当然，长期依赖引进综艺并非长久之计，国内各大电视台应不断加强对自身节目的创新，创造更多的优质资源。

## 加大节目自制量，促进视频内容的多样化发展

伴随现代科技的发展以及用户精神需求的增加，视频网站用户对内容资源提出了更高的要求，促使视频内容朝着高质量、多样化发展。与此同时，视频网站之间的竞争日益加强，各大视频网站为获得更高的市场份额，纷纷加大对自制视频的投入。爱奇艺也加入自创资源的大军中，对现有的数据资源充分整合分析，基于受众的需求不断探索与创新，试图为受众带来更精彩的视频内容。

目前，爱奇艺在节目自制方面采取的措施颇有成效，自制节目涵盖了综艺、微电影、自制剧、自制片花等多个视频类型，极大地丰富了视频网站的内容。

在线视频企业凭借自身优势自制视频节目：一方面可以降低对优质节目购进的投入，提高网站的独立性；另一方面可以培养平台的自我创新能力，提升竞争实力。

不过，现阶段自制视频内容尚未达到预想的效果，不仅创造数量较少，质量方面也不具备版权内容那样的优势，视频网站的广告营收仍需借助版权内容实现。若要凭借自制节目实现广告收益，企业不可气馁，未来很长一段时间内都应坚持不懈地加强创造与投入。相信在不久的将来，在线视频企业能够创造出更多的优质资源，为视频网站带来较高的广告营收。

综艺是爱奇艺偏重的自制节目领域，故而在综艺节目方面创收更为突出，如我们熟知的《晓松奇谈》《娱乐猛回头》《神剧亮了》等。

此外，爱奇艺对用户的搜索行为进行调查和分析，从获得的百度搜索数据中寻找创作方向，以此确定内容主题，并自制成视频节目。

《美食美课》便是爱奇艺通过这种模式自制的一档视频节目。该节目共有100集，分别讲解百度搜索中排名前100的家常菜做法，用户可以根据自己的需求，选择对应的视频内容。正是由于每集视频内容都以用户需求为切入点，故而极受观众欢迎，点击量超过数千万。

### 打造优质内容的独播战略，导入更多受众

自2014年起，爱奇艺逐步实施优质内容的独播战略，并将当时十分火热的《康熙来了》《爸爸去哪儿》等5档热门综艺以高价买断。随后，爱奇艺又将当时最火的《奔跑吧》综艺版权买断，同时将韩国的《无限挑战》《强心脏》等多档综艺节目的中国播放权买断，显著提升了爱奇艺视频网站的竞争力。

与此同时，爱奇艺不断扩大优质视频的覆盖范围，相继购入优质电视剧的独播版权，如《青年医生》《古剑奇谭》《老九门》等。

一般情况下，版权费用与视频内容的优质程度成正比，越优质的节目需要支付的费用往往越高。但优质视频内容所具有的导流作用也是十分显著的，能够为视频网站吸引大量受众。为更好地吸引用户、留住用户，多家视频网站正在展开一场激烈的、争夺优质内容独播版权的大战。

### 创新内容推荐模式，为用户推荐优质内容

首页推荐、导航等内容是吸引客户的重要方面，爱奇艺也对此不断进行创新与改革，试图为用户推荐更为优质的视频内容。开发爱奇艺 APP 后，资讯、动漫、娱乐、综艺等导航分类看似与以往相同，其实存在很大的区别。爱奇艺会从时间与地区两大因素，为用户推荐相关的优质内容。

现阶段，爱奇艺已形成一种独特的视频推荐模式——收视兴趣模型。简单来讲，就是根据用户以往的搜索、浏览、分享等记录等，判断用户对每类视频形式的喜好程度，当用户下次进入爱奇艺 APP 时，则按以往的收视兴趣提供视频内容。

伴随网络视频内容的增加，每个视频客户端具有的视频内容成千上万，用户寻求自己需要的内容形式必然花费较多的时间。爱奇艺正是基于对用户时间价值的考虑，设置个性化的推荐模式，带给用户喜好的优质内容，节约用户搜索的时间。这一推荐形式的应用，也为爱奇艺吸引了不少忠实用户。

### 独创“绿镜[1]”功能，提升用户黏性和忠诚度

受众在观看视频的过程中受到个人喜好的影响，往往会使用快进键将不感兴趣的内容跳过，或者使用快退键返回到精彩内容重新观看。针对用户对视

1 “绿镜”功能能够通过综合分析用户海量视频观看数据，自动判断用户喜好，并将精彩内容抽离出来，生成受关注程度最高的“精华版”视频，用户进入爱奇艺内容播放页即可选择观看完整视频或绿镜精华版内容。

频特殊的内容需求，爱奇艺推出“绿镜”这一视频编辑功能。依托用户观看视频的大量数据，经整理与综合分析后，找出最受用户关注的视频片段，并将其精华部分截取出来，形成新的视频内容。每一个热播节目播出后，爱奇艺便采用“绿镜”功能，为用户提供节目的精华版，这在增加用户黏性方面发挥了突出作用。

爱奇艺对“绿镜”功能的充分利用，不仅体现在对热播综艺以及电视剧的精简上，更通过“绿镜”筛选，圈定用户喜爱内容的范围，并将其用于自制剧情节之中。

## 2.4 微视频时代的广告精准投放新模式

### 2.4.1 网络视频广告的主要类型

互联网的高速发展催生了一个新的群体——网民，这个群体数目庞大，且蕴藏着巨大的商业价值，为网络营销的开展也提供了一个优质的平台。随之，诞生了一种新的网络营销方式——网络视频广告。

**什么是网络视频广告？顾名思义，就是在网络平台上播放的视频广告，是利用数字技术将传统的视频广告搬上网络平台的一种广告形式。实际上，网络视频广告是富媒体广告最典型的一种形式。**

富媒体是随着信息技术的升级出现的包括文字、图像、电影、动画、声音、音效等互联网信息在内的媒体形式。在富媒体环境下，广告数据能直接在用户接口停留，为广告的推广和传播提供了充足的空间，为用户和广告主之间的交流提供了便捷的途径。

网络视频广告是富媒体广告的典型，也具有富媒体广告的种种优势，受到广告主的青睐。那么，现如今网络视频广告到底如何呢？在未来，网络视频广告又会朝着什么样的方向发展呢？如图 2-7 所示。

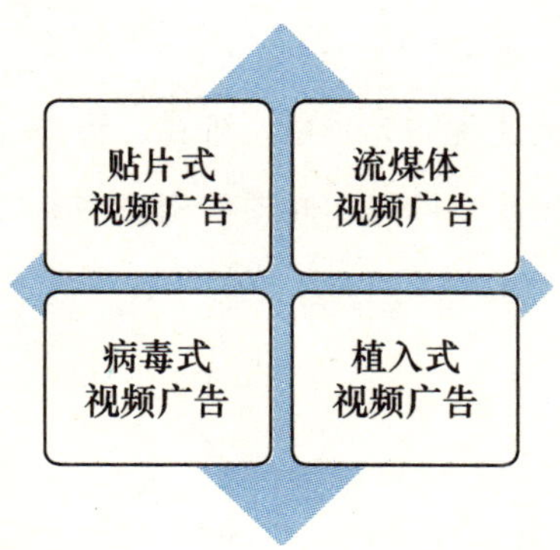


图 2-7　网络视频广告的主要类型

## 贴片式视频广告

一般情况下，网民在观看视频的过程中往往会有一个缓冲时间，贴片式视频广告就是以打包的方式将广告内容嵌入视频内容中，利用这个缓冲时间将广告播放出来的一种广告类型。

这种广告类型的盈利方式：根据广告的点击量和平均播放时长来收取广告费。广告主采用这种形式播放广告，可以得到比较客观的广告受众数据。当下，这种广告类型还是比较受欢迎的。当然，随着技术的升级和发展，这种广告形式也会不断更新和升级。

## 流媒体视频广告

流媒体是一种借助流式传输方法在互联网上播放的媒体格式。

而流媒体广告就是使用流媒体技术的广告，这种广告通常会以动画的形式将广告内容表现出来，吸引观看者的注意。这是一种常见的广告类型，在很多门户网站都能见到它的身影。

## 病毒式视频广告

病毒式视频广告是一种视频广告借助网络共享在互联网上迅速传播、扩散的广告类型。这种广告的病毒源头是视频分享网站，其传播载体是电子邮件、博客论坛等。这些能够迅速传播的病毒式视频广告都有着共同的特点：幽默感和创意性十足。正是因为这个特点，使得病毒式视频广告成为备受欢迎的一种营销方式。

### 植入式视频广告

植入式视频广告指的是将广告信息以植入的方式与视频融为一体，在观众观看视频的过程中潜移默化地将广告传递给观众的一种广告类型。这种广告类型是随着电视剧、电影和游戏的兴起而出现的，是目前利用率最高的一种广告形式。

## 2.4.2 网络视频广告的商业价值

随着网络营销的发展，其载体已经由图片、文字转变成了视频，其营销方式也逐渐从“推送式”向“互动式”过渡。网络视频独有的优势——内容的丰富性、良好的互动性和传播的准确性，使其在网络广告市场中迅速占据了主流位置。相较传统的广告，网络视频广告在当今广告市场中有非常大的发展优势，如图 2-8 所示。

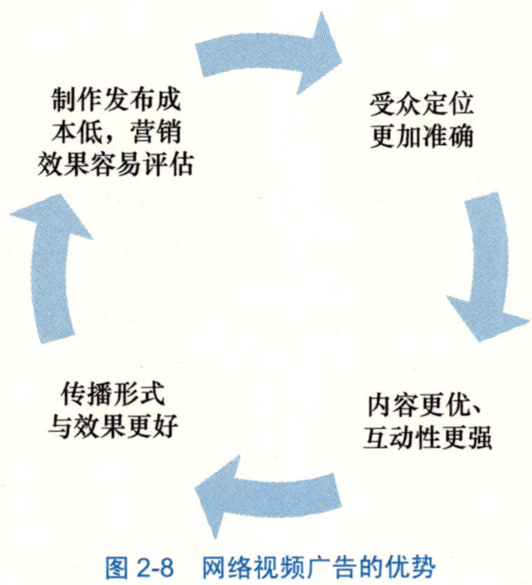


图 2-8 网络视频广告的优势

## 受众定位更加准确

电视广告的受众非常多，其人群类型也非常复杂，很难进行精确定位，广告投放也只能根据广告时间和匹配的栏目来调整。

而网络视频广告能够根据视频节目的分类，利用检测系统获取受众的年龄、性别等基本信息，将这些信息统计、分析之后提供给广告主，广告主就可以以此为依据投放广告。通过这种方式，受众的定位更加准确，广告投放的准确性也能有效提升，视频广告营销的效果也会更好。

## 内容更优、互动性更强

从交互性层面来看，电视广告的传播方式是推送式。在这种方式下，观众能接收广告，对其产生感知，但对观众的影响力比较小。

网络视频广告则不同，它的随时点播功能和下载播放功能吸引很多受众，这些受众受到引导会自主地参与到网络视频广告的交流中来。在这样的情况下，广告对受众的影响力会有很大提升。

虽然目前互联网视频广告对电视广告产生的冲击还不是非常明显，但这种冲击的存在是不可否认的。

以前，麦当劳 80% 的广告费用都投放在电视广告领域。但是随着网络视频广告的兴起，现在，麦当劳投入电视广告的费用不足全部广告预算费用的 50%，超过半数的广告预算费用被投放到了网络视频广告领域。事实证明，网络视频广告的效果比电视广告要好得多。

从内容层面上来看，网络视频广告和电视广告没有显著差异。从覆盖范围来讲，电视广告的覆盖范围较广，而网络视频广告的覆盖范围较窄，但是精确度较高，信息不是非常密集，受众可以自主选择。最重要的一点是，在观看网络视频广告时，受众可以通过留言回复或者评论的方式发表自己对广告的看法，和广告主进行互动。广告主能从这些留言和评论中吸收有效意见，进一步对广告进行完善，对营销策略进行优化。

### 传播形式与效果更好

相较传统的网络广告，网络视频广告能够承载更多的信息，传播方式更加多元化，传播效果更好。并且，通过网络视频广告传达出来的品牌信息，使受众的印象更深，在引导用户购买方面效果更好。总之，网络视频广告无论是传播形式还是传播效果都比传统的广告好。

### 制作发布成本低，营销效果容易评估

相较电视广告，网络视频广告在制作、发布方面的成本比较低，原因有以下 3 个方面：

（1）网络视频广告可以借用电视广告的相关内容，只需要对其进行删减、调整即可，能够节省一笔不菲的制作费用；

（2）网络视频广告是依靠计算机技术制作出来的，省去了诸多人工费用，成本自然会下降；

（3）网络视频媒体暂时没有形成完善的价格体系，其发布价格弹性很大，只要合理地运用这个弹性空间，其发布成本就会很低。

相较电视广告，网络视频广告营销还能给广告商提供一个多维的反馈数据，使广告商能够对营销效果进行有效评估，并以此为依据来调整营销战略。

## 2.4.3 网络视频广告面临的问题

通过上述分析我们知道，网络视频广告在广告营销领域有着强大的优势，未来的发展不可限量。但是任何一种新生事物都不免会存在许多问题，网络视频广告也是如此，如图 2-9 所示。

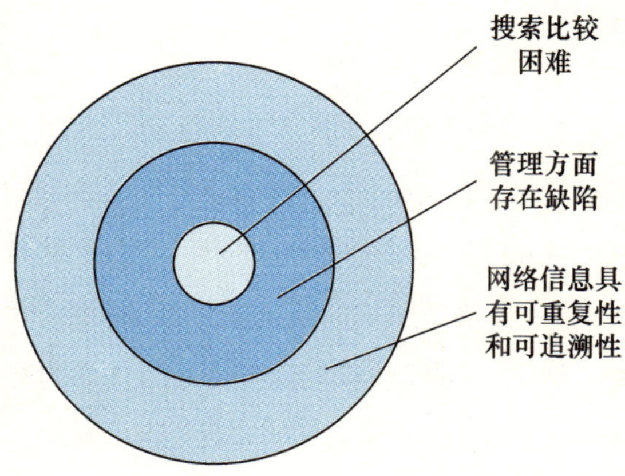


图 2-9　网络视频广告面临的问题

## 搜索比较困难

网络视频广告一个最大的问题就是搜索困难。一般情况下在互联网上搜索一个东西，只要输入关键字就可以了，但网络视频广告仅靠关键字是搜索不出来的，需要搜索其内容才可以。

这是因为，视频广告本身不会自动生成关键字。如果某个网站没有很好的技术支撑，网络视频广告就很难被搜索出来。哪怕其有很高的人气和点击量，在搜索而不得面前这一切都会成为泡影，之前所有的努力也都白费了。

为了解决网络视频广告搜索难的问题，目前的很多网站都会想办法为视频添加一些标注。在这样的情况下，网络视频广告能否被搜出来，就看这个标注够不够准确了。标注越准确，网络视频广告被搜索出来的概率就会越大。但是“一千个读者就有一千个哈姆雷特”，人们对同一个网络视频广告内容的理解各不相同，所以很难保证标注的准确性。

网络视频广告搜索难的问题目前还没有找到一个很好的解决方案，依然是困扰网络视频广告的一大难题。

## 管理方面存在缺陷

受互联网虚拟性的影响，网络视频广告在管理方面存在一些缺陷。有时候，受到轰动效应和利益的驱使，制作者往往会做出一些违法、违规行为。

例如，某些网络视频广告为了达成营销的目的，会选取某个事件的细枝末节大肆渲染，虽然这些内容都是真实的，但是由于以偏概全，对社会大众产生了误导；或者某些网络视频广告会利用互联网自由、匿名的特点，杜撰一些事件当作新闻，引起社会大众的广泛关注。

除了这些违反法律规定的事件传播和报道行为之外，某些网络视频广告还掺杂色情信息，使网络视频广告成为网民制黄、贩黄、传黄的手段，扰乱社会治安，引发一系列社会问题，对人们正常的工作和学习产生不良影响。

## 网络信息具有可重复性和可追溯性

互联网就像一个专门用来保存信息的罐子，只要是放在里面的信息，就会被永远保存下来。只要某个事件、某个信息在网络上出现过，哪怕只是惊鸿一现，多年之后人们依然能搜索出来。这对于某些发生过不良事件的企业来说是一个潜在的威胁，就像个人诚信档案一样，所有的不诚信行为都会被记录并伴随一生。这种威胁对于企业来说非常严重。

首先，对于曾经发生过不良事件的企业来说，尽管事件已经得到了解决，随着时间的逝去人们渐渐忘记了这件事。但是，**在互联网上，不良事件以及相关的所有消息都被记录了下来，不仅不会消失，还会不断地被复制、粘贴、传播，不知不觉中就拉长了事件的持续时间，为企业带来很多不必要的麻烦，并有可能引发新危机的出现。**

**其次，网络视频广告在搜索技术的支持下能够将原本分散的话题汇集在一起，这千千万万的话题凝聚在一起就会形成一个巨大的舆论旋涡，其隐藏的能量，不论是对某个企业的褒奖还是贬斥都是非常巨大的。**如果某个曾经发生危机的企业再次发生危机，网民通过搜索就会将这两次危机联系起来，这种叠加效应对企业造成的影响十分严重。

## 2.4.4 网络视频广告的发展对策

### 倡导和宣传网络道德

尽管网络视频广告在营销方面发挥了巨大的作用，但是也存在许多纯属发泄个人情绪的留言，不理智，阴暗，严重影响网民的正常情绪。因此，即便网络视频广告是在一个虚拟的环境中出现的，但是为了保证它的健康发展，还是需要建立一个道德体系进行约束。

相关部门要从构建和谐社会出发，利用各种渠道加强对网民的教育，规范网民的行为，从而养成良好的上网风气，以保证网络环境的安全和健康，也为网络视频广告的健康发展创造一个良好的环境。

### 法制的健全与完善

我们身处在一个法制社会，法律是我们维护自身权益最有利的武器。但直到现在，我国的网络视频广告依然没有一个可以依循的法律规范，很多人都利用法律漏洞从事一些违法活动，如窃取个人隐私、侵犯他人的名誉权等。

为了保护网民的合法权益，国家要尽快出台相关的法律、法规，以约束人们的行为。明确侵权事件的处理方法，明确维权途径，以杜绝网络视频广告领域的违法、违规行为，维护社会安全，从而为网络视频广告的发展创造一个良好的法治环境。

### 舆论的引导

在网络视频广告的引导下，社会个体的思维模式高度独立，也为不法分子创造了一个进行不良引导的条件。在网络视频广告环境中，不法分子可以利用谣言引导社会公众朝着他们预定的方向思考，从而引起恐慌，对社会安全造成威胁。因此，国家要牢牢将舆论导向权控制在自己手中，以维护社会安定。

为了做到这一点，可以从以下两方面进行努力。

（1）加强对网站的管理和建设

尽管网络视频广告能在很大程度上影响社会公众的思想，但是门户网站发布的信息和新闻在社会公众心目中依然具有很高的权威性，国家对此要有非常清醒、理智的认识，要全面掌控门户网站的管理和建设。一旦网络上出现某种虚假的舆论消息，政府要及时在门户网站上予以更正，掌控舆论的引导权，以维护社会治安。

（2）通过媒体认可度对舆论进行引导

例如，开展“十佳博客”的评选活动等，在评选标准里要将对科学的社会价值观传播有积极影响的因素纳入其中。在评选之前，要利用微博等媒体造势，形成一个热门话题，引导人们关注这个评选活动，在公布结果之后，要增加人们对这些媒介的关注度，从而将这些“十佳”媒体打造成思想的聚集地，引导舆论，维护社会安定。

## 门户网站的自律

门户网站对网络视频广告具有管理、控制功能。一般来说，从内容层面上来讲，管理可以划分为两种形式，一是自律，二是他律，门户网站的管理也应如此。

首先，国家要制定完善的法律法规对门户网站的行为进行管理。其次，门户网站自己要做好自律，严格检查门户网站的内容，对于一些影响社会治安的内容要及时清除；有意识地引导网民的行为，减少不良上网行为的发生；对于不良内容的发布者要采取一定的措施予以处罚，对其实行禁言等。总之，自律是门户网站管理的关键。

## 发挥企业网站的沟通交流渠道功能

随着互联网覆盖范围扩大，人们对它的依赖性越来越强，想要获取某类信息时最先想到的就是上网。对于企业来说，企业网站也成了一张向社会公众展示自己的名片。通过企业网站，企业不仅能向社会公众传播自己的文化理念，还能搭建一个与社会公众交流的平台，拉近和社会公众之间的关系。因此，企业要重视网站建设，充分发挥网站的交流沟通功能。

**首先，要及时在网站上更新各种企业信息，尤其是当网络上出现关于企业谣言的时候，企业要在第一时间在网站上澄清，并公布危机的应对措施。**

**其次，企业要以企业网站为平台，加强与社会公众和媒体的联系，倾听社会公众的意见和建议，详细回答媒体提出的问题，通过开诚布公的交流消除公众对企业的误解，增加企业和社会公众之间的亲密度，提升企业在社会公众面前的形象。**

以互联网为依托诞生的网络视频广告具有定位精准、营销效果评估便捷等诸多优势，这些优势提升了网络营销的效果。但是任何事物都是矛盾的统一体，有好的方面就有坏的方面，网络视频广告也是如此。网络视频广告搜索困难、容易出现违法违规行为、具有可溯源性和可重复性等问题，使网络视频广告的发展受到了一定的影响，需要给予更多的关注，予以解决。

在互联网的引领下，我们进入了一个方便、快捷的信息时代。未来，越来越多的视频会通过手机客户端呈现在我们面前，网络视频广告也将迎来一个重要的跳板，这个跳板就是观众的高要求、高挑剔度。只要解决这些问题，越过这个跳板，网络视频广告必将迎来更好的明天。

第 3 章

# 视频电商：
# 发现互联网体验经济新模式

# 3.1　视频电商：打造“边看边买”消费新体验

## 3.1.1　移动互联网时代的购物新体验

近两年视频产业的火爆也带动了视频购物模式的兴起，甚至有人指出，视频购物将成为最完美的电商交易形态。

以美国著名视频购物网站 Joyus（图 3-1）为例，其在 2013 年完成了 1500 万美元的 B 轮融资，2015 年又成功获得了 2400 万美元的 C 轮融资，这显示了资本市场对视频购物模式的巨大信心。

同时，Joyus 创始人也指出，相对于以往“文字 + 图片”的商品展示形式，通过优质视频内容进行商品推广能够使广告转化率提高 4.15 倍，而观看了视频内容的用户购买商品的次数是没有观看产品视频用户的 4.9 倍。

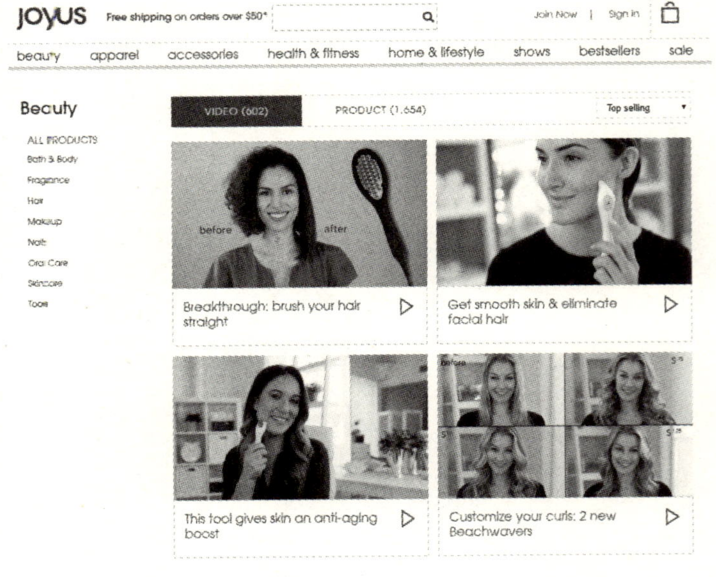


图 3-1　美国视频购物网站 Joyus

Joyus 的数据无疑证明了视频购物的巨大优势。那么，视频电商与其他电商模式相比，其优势又有哪些？如图 3-2 所示。

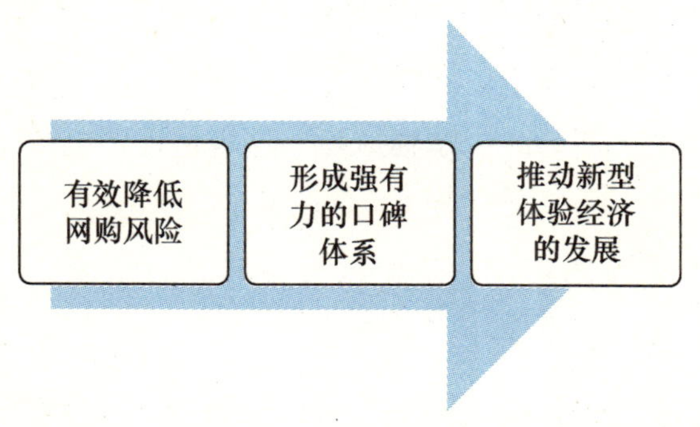


图 3-2　视频电商的三大优势

## 有效降低网购风险

随着互联网整体生态的优化成熟，网络购物已成为社会大众最重要的购物方式。数据显示，当前普通家庭中 60% ～ 70% 的购物行为是通过线上平台完成的。不过，网购在为人们提供低廉商品和交易便利的同时，也有着诸多让消费者“不爽”的痛点。

一位消费者在线上平台购买雨伞时，直到第三次才真正买到他中意的商品。第一次是因为伞太大，若是线下购买一眼便能判断商品的大小是否合适，但在线上平台却容易形成偏差。一方面是因为商品尺寸一般都是标注在不显眼的位置，很多消费者只是根据看到的图片判断商品大小；另一方面则是商品尺寸的文字描述无法让人们构建出准确的空间概念。第二次则是因为该用户对雨伞的材质不满意，而且颜色与网站中展示的也有偏差。

触摸体验是影响人们购物决策的重要内容，而网购模式却跳过了这一环节，消费者只能通过商品的文字和图片描述进行判断，因此很容易出现偏差和“失真”。正因如此，才会有人调侃说网购就像赌博一样，即便多数时候能“赢”，也总有“输”的时候。

视频购物模式则有效化解了传统网购的这一痛点。通过视频资料，消费者能够对商品的形状、大小、功能等各个方面有一个直观认知，从而对商品进行更加准确的判断，减少购物风险。这也是视频电商比其他电商模式优越的地方。

### 形成强有力的口碑体系

口碑是人们进行网购决策时的重要参考因素。在以用户为中心的互联网商业环境中，消费者参与到产品或品牌营销过程中，兼具生产者和消费者的双重角色，从而推动了粉丝经济和社交营销时代的到来。

消费者成为商品信息的重要生产者和传播者，其基于自身使用而分享的产品体验和评价，既是产品口碑的重要来源，也是他人进行消费决策的重要依据。因此，电商不仅是一种购物形态，也是企业实现低成本甚至零成本营销的重要路径。

然而，口碑造假的盛行却极大弱化甚至消解了人们对用户体验评论内容的信任，也影响了粉丝经济、社交营销的健康、长远发展。文字和图片展示信息的有限和偏差，以及基于图文形式塑造的口碑门槛过低，使很多消费者回到了传统购物模式下的信用取向：网购时只相信品牌，不敢再根据用户体验评价形成的口碑购买陌生品牌的产品。这显然大大削弱了电商的低成本营销优势。

今天，人们已经很难在互联网购物平台上看到新品牌的崛起了。在“文字＋图片”的商品展示体系和基于此形成的口碑系统无法满足消费者诉求的情况下，能够打造更有力的口碑体系的视频电商为企业实现低成本营销、塑造自身品牌提供了新的路径，成为视频社交时代电商模式创新的重要方向。

### 推动新型体验经济的发展

通过文字和图片形式分享产品的使用体验并以此影响他人的购买行为，

从而创造出经济效益的互联网商业形态被称为体验经济。不过，由于文字和图片造假成本很低，国内又没有形成完善的网络实名制和征信体系，导致口碑造假盛行，人们越来越不愿相信基于使用体验分享形成的口碑，使互联网体验经济面临着严峻的信任危机。

视频购物模式则提供了有效的问题解决方案。以视频形式分享使用体验，大大抬升了造假成本，更容易赢得消费者的信任，从而推动了新型体验经济的产生和发展。

Joyus 网站就曾要求用户在评价购买的产品时，必须通过视频将拆包装、组装、使用以及用后感受等全流程都记录下来，并上传到网站中作为视频评价；同时，Joyus 还会支付一定的费用给那些在评价视频中露出容貌的购买者，作为肖像的使用费。结果，这一策划案收集到了 1000 多条使用者的视频评价。

当这些视频评价通过社交、视频、电商等多种平台渠道分享传播出去时，便成为一条条广泛传播的视频广告，实现了产品和品牌的营销推广。这种基于视频评价和传播分享带来的广告效果，并不输于传统的电视广告，但营销成本却要低得多，从而重新建立起了互联网的低成本营销优势。

### 3.1.2 有效解决消费者的购物“痛点”

电子商务逐渐成了我们生活及工作中的重要组成部分。而随着消费需求的进一步提升、通信技术和移动互联网技术的持续突破，“视频 + 电商”这种新型的购物方式开始受到广大电商用户的青睐。在无线 Wi-Fi 及智能手机的推动下，那些喜爱观看电视节目的“沙发一族”将主阵地从电视转移到了移动终端，用户流量的转移也导致广告主纷纷将广告预算投入移动端，从而极大地推动了“视频 + 电商”模式的发展。

当然，目前仍有很多电商用户尚未尝试过“视频 + 电商”这种全新的购物方式。但电商平台及视频网站等却已经在这一方面进行了诸多尝试，都希望能够借助彼此的优势弥补自身的不足，并释放合体势能。

视频网站具备庞大的用户流量，而电商平台在变现方面的表现尤为强劲。如果二者实现深度融合，必将通过“视频 + 电商”模式创造出巨大的价值。

当然，了解“视频 + 电商”模式存在巨大潜在价值的绝不仅限于国内企业。在国际市场中，以 MikMak 为代表的移动应用产品正通过“视频 + 电商”模式获得高额的回报。准确地讲，MikMak 更像是一种营销工具，它以视频为载体让广告主向消费者推广各种各样的产品，最大的特点就是在通过搞笑视频让用户享受快乐的同时，帮助广告主提升产品销量。

在自身的定位方面，MikMak 更倾向与让用户享受快乐。创始人 Rachel Tipograph 认为，如果能够让人们感受到快乐，用户购买你推广的产品自然水到渠成。

对于这种能够为用户带来全新的购物体验的新玩法，国内企业自然也不甘落后。爱奇艺先是于 2010 年上线视链功能，让用户在欣赏视频的同时，能够通过用鼠标点击画面中的矩形框，了解产品信息。经过几年的深入研发，2015 年 2 月，爱奇艺视链升级版“Video out”技术（图 3-3）投入商用，

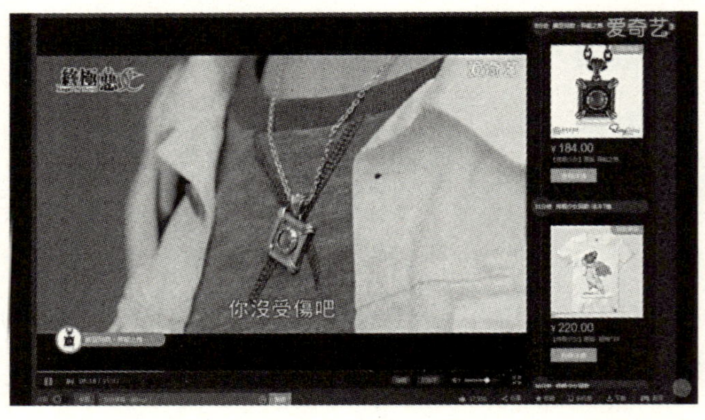


图 3-3　爱奇艺 Video out 技术

它可以让用户精准识别视频中的产品，并引导用户购买。

2012 年，京东与乐视宣布达成战略合作，双方将共同研发“视频 + 电商”模式，意欲让消费者在观看视频的同时，在播放器的适当位置显示合作伙伴的商品信息。当然，这种产品需要与视频内容相结合，太过直白的硬性推广只会徒增消费者的反感。

2014 年，阿里与优酷达成战略合作，共同进军“视频 + 电商”领域。用户可以借助优酷“边看边买”和土豆“玩货”来享受这种全新的购物体验。

视频与电商之所以可以实现深入融合，更多是因为二者的优势互补。在视频产业与电商产业发展初期，二者都需要通过精耕细作来探索未知的领域。随着行业变得愈发火热，越来越多的竞争对手不断涌入，企业纷纷忙于抢占市场份额、抢夺用户流量，更是无暇进行跨界合作。

但随着视频产业及电商产业的市场格局趋于稳定，存活下来的视频网站如优酷、爱奇艺等更加专注于追求盈利，天猫、淘宝、京东等电商平台则寻求更高的用户流量及营销转化率。冷静下来思考之后，双方都发现对方的优势可以有效弥补自身的不足，于是合作也就成了一种必然的选择。

从消费者的角度上看，“视频 + 电商”的出现能够让消费者更为全面地了解商品信息，做出更加有利的消费决策。在传统视频的广告营销中，人们获取到的信息是片面的，甚至不乏一些虚假信息，而且接受过程中无法与其他用户及商家进行交流互动。“视频 + 电商”模式的出现则有效解决了这些问题，使人们在购物时拥有更多的主动权及话语权。

“视频 + 电商”模式的出现为用户带来了极佳的购物体验，它涵盖了购物、娱乐、休闲、社交等诸多领域。以服装品牌商通过电影推广自己的某款时装为例，身穿这款服装的演员本身承担了服装模特的角色，用户可以将自身的身材与之对比确定合适的尺寸，而且演员也能够在多种场合全面展示服装产品。用户之间通过发送视频弹幕，也能共同探讨某一情节或者某款产品。

这有效解决了电子商务产业的许多痛点，如用户无法直接接触产品，很多消费者购买的商品往往会存在尺寸、色差方面的问题，而通过“视频 + 电商”可以让用户全方位地了解产品信息，从而真正买到自己需求的商品。

《华尔街日报》[1] 调查的数据显示，虽然消费者会在移动终端中上耗费大量的时间，但很多时候人们都是只看不买，或者先用 PC 终端了解更多的产品信息后再决定是否购买，这其中很大的原因是因为移动端难以全面展示产品的细节信息。

虽然近年来国内移动电商的交易额一直保持高速增长，但这很大程度上是由于平台本身通过折扣的方式推广手机支付的因素，虽然仅便宜 1 ～ 2 元，但这种用更便宜的价格购买同一件商品的心理满足感，足以让人们趋之若鹜。

MikMak 创始人 Rachel Tipograph 指出：“购物本身能带给人们一定的快感，但传统电商平台却往往忽略人们购物过程中的情感体验。”

“视频 + 电商”在清晰展示产品相关信息的同时，也能激发消费者的想象力与创造力，让人们心中自发想象自己像视频中的角色一样使用各种产品时的情感体验，这是目前的传统电商平台远无法为用户创造的。因此，作为一种全新的购物模式，“视频 + 电商”能够让视频产业及电商产业实现进一步突破，并为广大用户带来更为优质的观影体验及购物服务体验。

### 3.1.3 “视频 + 电商”模式面临的障碍

虽然“视频 + 电商”模式的发展前景十分光明。但由于用户习惯难以改变、核心技术难以取得突破等方面的因素，“视频 + 电商”模式的发展也遭遇了一些阻碍。

在用户需求方面，人们对于在传统的电商平台上选购商品的购物方式已经

---

1 华尔街日报（The Wall Street Journal）创刊于 1889 年，以超过 200 万份的发行量成为美国付费发行量最大的财经报纸。

形成了一种消费习惯，而一旦养成习惯将很难改变。在淘宝、天猫、京东等电商平台中，部分商家也为消费者提供了展示产品信息的视频，但鲜有消费者愿意点击观看。因为对于传统电商平台而言，视频很难对消费决策产生较大影响，绝大多数的商家也不愿意耗费高额的成本为用户提供视频内容服务。

事实上，“视频＋电商”模式需要投入大量的资金成本及时间成本。一部电影可以同时为多款产品进行营销推广，但在技术尚不成熟的背景下，很多产品的抓取都需要进行人工操作，鲜有企业能够承担这种成本。即便是由百度提供技术支持的爱奇艺视链升级版“Video out”技术也不能做到实时抓取，更不用说可以让用户边看边买。

在用户体验维度上，真正能够将营销信息与视频内容结合的视频仅占极小的比例，如果人们在观看视频时发现视频内容中经常出现营销信息，而且播放器还会弹出一些产品图片，会很容易反感。长此以往，必定会导致大量用户流失，这显然不是企业想要的结局。

在企业的想象中，边看边买是十分美好的，但对用户而言却并非如此。从本质上来说，观看视频与购物过程是相对独立的，二者融合后，会让用户体验有所下降。想象一下，当我们沉浸在影视剧中紧张而兴奋的氛围中时，如果突然弹出一个商品的图片信息，是多么不合时宜。

在用户群体的定位方面也存在着诸多问题，当目标群体是年纪较大的老年人时，这种时尚而潮流的购物方式基本不会被他们接受。而对年轻群体来说，人们即便是存在购物需求，也很难让其相信这种广告弹窗式的产品品质及质量，与之相比，人们更愿意相信那些专业的购物网站提供的产品。

能让用户暂停视频进入到购物页面，只能说明该视频缺乏足够的吸引力。对于直播节目，如果人们切换到购物页面，很可能会错过某些关键情节；想要让人们将整部电影或视频看完后，再通过回放视频来寻找购物页面，也是不现实的。

当然，由于我国的网民人数众多，而且仍处于不断增长状态，也能找到一些愿意接受“边看边买”的用户群体，但想让这一群体改变以往的消费习惯是一件很难的事情。

相比图片及文本，视频作为一种能够全方位展示产品信息的形式，与电商的融合确实存在着巨大的发展前景。在视频内容题材方面来看，综艺节目、更偏向娱乐的影视剧推广的产品相对来说更容易被消费者接受。此外，如果颠覆人们观影体验的 VR 技术能够全面普及，限制“视频 + 电商”模式发展的诸多痛点也将得到有效解决。

就目前的发展情况来看，“视频 + 电商”模式仍处于起步阶段，但这并不妨碍其在未来的巨大发展前景。对于视频产业的视频网站、内容生产商及电商产业中的电商平台、品牌商等诸多企业而言，短时间内可能很难改变人们的消费习惯，但仍可以在技术及服务层面上做出努力，这不仅可以进一步加快整个“视频 + 电商”模式的普及推广，也能够在“视频 + 电商”模式爆发之际，通过建立具备强大影响力的品牌迅速获取高额的回报。

### 3.1.4　优酷电商生态下的“衣 +”[1] 模式

计算机视觉搜索技术服务公司“衣 +”于 2015 年 11 月 5 日宣布完成千万美元的首轮融资，此次领头方为优酷。优酷的此次战略表明了国内视频电商对“边看边买”模式的进一步实践。

一方面，依托于技术优势，优酷在数十个视频节目中推出“衣 +”应用，使其成为该领域内第一个基于人工智能识别技术为用户提供在线购物的视频电商；另一方面，优酷在发展过程中积累了多种优势资源，与“衣 +”的联手能够推动自身电商生态的进一步发展，最终建立一体化的闭环系统。

1 “衣 +”是计算机视觉搜索引擎，目前已经和多家顶级企业合作，提供边看边买 API、图像视频内容分析 API、人脸属性识别 API 等服务海量用户。

## “人工智能识别技术 + 视频电商”

优酷是国内率先在视频电商领域有所涉及的企业，该平台在 2014 年 4 月末与阿里达成战略合作伙伴关系，并得到阿里与云峰基金高达 12.2 亿美元的投资，自此，优酷开始运营视频电商，使观众可以在视频观看中途，按照界面右边的提示信息选择视频中出现的商品，点击购买。于是，越来越多的业内人士聚焦视频电商的发展，而此次与“衣 +”的人工智能识别技术相结合，将有助于优酷在视频电商领域进行深度探索。

“衣 +”的计算机视觉搜索技术能够与国际水平接轨，其人工智能技术所包含的人脸识别、图像及视频智能分析、边看边买等技术内容为视频电商的发展提供了基础支撑，再加上大数据分析技术在电商领域的应用，能够在更大范围内实践“边看边买”方式，提升用户体验。

随着相关技术的不断发展，“边看边买”的应用范围将在原有基础上进一步拓宽，能够适用于多样化的购物场景。采用深度学习与大数据技术相结合的模式，“衣 +”的人工智能技术与前段时间大火的 AlphaGo（谷歌推出的人工智能技术，在 2016 年 3 月战胜世界围棋冠军李世石）存在共性，但其独特之处在于，能够为所有用户日常生活带来便利。

虽然之前也有部分视频节目为观众创设了购物场景，但这些节目通常是为品牌企业定制生产的，无法在其他节目中套用。而如今在人工智能技术应用的基础上，只要是经过平台审核，观众在观看所有视频节目的过程中，都可以“边看边买”。

而且，自动化识别技术的应用，能够加速视频平台的运转，使平台上成千上万的视频节目实现“边看边买”，为用户打造实时购物场景。另外，之前的“边看边买”通常是指观众可以就视频节目中知名演员的穿着（如衣服、饰品等）等商品进行下单。但现在，该模式的实践范围更广，涵盖的商品种类也更加多样化。

“衣+”的技术应用，可对视频中出现的角色、场景内包涵的诸多商品进行智能化辨识。举例来说，“衣+”的搜索引擎技术，能够将视频中演员穿着的衣服、佩戴的饰品、使用的各类道具（手机、照相机等），还有构成特定场景的诸多实物（桌子、椅子、窗帘等）都以商品形式罗列出来，供观众实时选购；这种技术的应用不仅能够提高用户参与度，还能提升整体购物体验，并在发展过程中进行持续革新，更好地服务用户。

## 优酷无缝对接淘宝天猫卖家

从优酷的角度来分析，天猫及淘宝电商平台的运营为其提供了必要的支持。对天猫与淘宝平台上的经营者来说，视频网站能够为其吸引更多的用户，为店铺导入大规模流量。

视频电商刚刚兴起时，就有专业研究者认为，随着该领域的发展，视频会作为主导电商流量渠道受到业内人士的重视，其流量导入功能甚至可以与传统电脑终端及当前的移动终端比肩。当优酷联手“衣+”，利用人工智能技术运营视频电商相关业务时，也带动了整个行业的发展。

2016年，优酷实现了与天猫、淘宝平台上多元化商品的连接，将绝大部分视频中涉及的商品都囊括在内，类似于在视频场景内融入天猫、淘宝的商品销售功能。观众可以一边观看视频，一边将视频中出现的、自己喜欢的商品放到购物车。商家联手视频平台，通过这种方式将消费者的购买欲望转化为实际的消费。

在传统模式下，观众先是观看视频节目，发现自己感兴趣的商品之后，再进入淘宝或天猫平台查询商品信息，参照各个平台上商品的价格、质量等信息，最终做出决策，才进入消费流程。如今，视频电商大大简化了这个流程，提高营销针对性及整体运营效率。

无可否认的是，优酷在视频电商领域的业务拓展能够为阿里巴巴的电商平台带来更多流量。应用“衣 +”的人工智能技术，能够为有消费需求的观众提供个性化服务。

该技术的应用既能简化消费流程，节约用户在购物方面的时间及精力投入，还能在天猫、淘宝的店家取得理想销售成绩后，带动其他商家的改革，促使更多店铺加入视频购物队伍。

#### 将广告商纳入其中，加速实现生态闭环

此次联手“衣 +”也说明优酷将电商生态的发展纳入其总体战略规划中。这种技术能实现广告与场景的完美结合，采用场景化营销方式激发观众的购买欲望，扩大商品销售渠道，最终促进视频电商一体化生态系统的建设。

除了联手“衣 +”、阿里之外，优酷还在 2015 年 7 月底同美国运动相机厂商 GoPro 达成战略合作关系，借助这些公司的技术优势，为视频电商的运营及发展提供保障。消费者、广告主、视频平台、电商经营者都能够从优酷打造的电商生态体系中获益，也使视频电商获得更加长远的发展。

## 3.2 网红经济时代的“视频 + 电商”新玩法

### 3.2.1 “网红经济”的价值变现之路

自 2015 年以来，网红经济持续发酵，一批自媒体人、平面模特、电竞选手、意见领袖等成了网红经济直接受益者。2016 年，热度仅次于国民老公王思聪的 papi 酱成为媒体的关注的焦点，2016 年 4 月，被称之为“新媒体史上第一拍”的 papi 酱广告拍卖会成交价格高达 2200 万元。

在由第一财经商业数据中心（CBN Data）发布的《2016 中国电商红人大数据报告》中，预计 2016 年网红产业规模约为 580 亿元，这要比 2015 年我国 440 亿元的年度电影票房高出许多。

潜力巨大的网红市场背后也存在着一些质疑，如法律监管问题、难以持续输出价值等，网红经济如何避免昙花一现，是每一个相关从业者都需要深入思考的问题。

拥有着海量优质视频资源及用户规模的视频网站，为网红群体的崛起提供了优良的生存环境，多年来与品牌商建立的稳定的营销合作关系及结合“直播+电商”模式等新玩法，更是为网红经济的价值变现提供了清晰的路径。

发展网红经济，首先需要的就是具备自带流量的网红资源。在创造网红领域，微博、微信、微拍、优酷、斗鱼、淘宝等都是积极布局者。在行业格局未稳之际，无论是初创企业，还是互联网巨头都有机会在网红产业分一杯羹。

以视频网站优酷为例，优酷在创造具备优质内容生产能力的网红方面，具备着极大的领先优势。早期以“行行出状元、优酷出牛人”的 slogan 发掘优酷牛人，到《一个馒头引发的血案》，然后是《万万没想到》等，这些优质的内容在为吸引海量用户流量的同时，更是创造了一个个具备巨大潜在价值的“内容红人”。

事实上，内容红人与电商红人存在着诸多相同点，通过一些合理的运营手段，内容红人能够向电商红人快速转变，而优酷无疑为加快这一进程提供了强有力的支撑。向来鼓励用户上传及分享优质原创内容的优酷发展到今天，已经积累了庞大的网生内容。公布的数据显示，目前优酷平台凭借网红内容吸引的用户流量已经达到平台总用户流量的一半以上。

papi 酱的成功崛起，正是得益于优酷平台的强力支持，papi 酱的经纪人杨铭在面对媒体采访时曾表示，优酷平台在 papi 酱尚未成名之前就给予了许多支持，并帮助其迅速积累了上百万忠实粉丝。截至 2016 年 9 月，papi 酱的视频在全平台累计播放量已经超过 3 亿次，新浪微博粉丝数量已经超过 1900 万人，如图 3-4 所示。

图 3-4　papi 酱微博

“老男孩”的成名更是优酷创造网红的经典之作。2010 年，尚未成名的“筷子兄弟”在优酷平台上传了自制微电影《老男孩》，结合优酷平台的推广，短时间内该视频迅速走红。2014 年，优酷、乐视及北京儒意欣欣影业联合推出《老男孩猛龙过江》，凭借“筷子兄弟”自身拥有的用户流量，最终收获 2.7 亿元票房，而其制作成本仅有 3000 万元。

在吸引 UGC 及 PGC 网红方面，优酷拥有强大的优势，除了众所周知的 papi 酱、罗辑思维外，王大锤、叫兽易小星、Big 笑工坊、毒舌电影等也为优酷聚集了海量粉丝。目前，优酷的亿级用户群体中有超过 2200 万人已经开通了自频道（图 3-5），月视频累计播放量高达上百亿次。

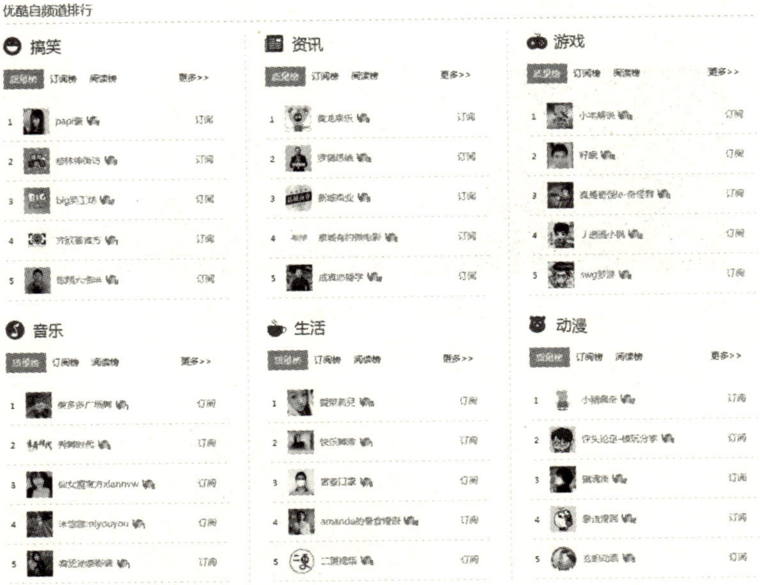

优酷自频道排行

搞笑　资讯　游戏

音乐　生活　动漫

图 3-5　优酷自频道排行

## 3.2.2　电商平台如何布局“网红经济”

对于布局网红经济的企业而言，如何持续高效地利用网红输出价值是关键所在。而对于网红经济的价值变现，网红群体可以从 3 个维度考虑：

（1）通过输出品牌发展红人电商；

（2）作为分销渠道发展达人分销及导购；

（3）作为营销载体发展网红广告。

国外的网红市场上，YouTube 及 Instagram[1] 占据了绝大部分的网红资源，其网红发布的内容主要是视频及图片，广告营销、品牌代言、网红电商及自建品牌是几大主流变现方式。

---

1 Instagram 是一款支持 iOS、Windows Phone、Android 平台的移动应用，允许用户在任何环境下抓拍下自己的生活记忆，选择图片的滤镜样式，一键分享至 Instagram、Facebook、Twitter、Flickr、Tumblr、foursquare 或者新浪微博平台上。

在 YouTube 中拥有 4000 万粉丝的 PewDiePie 年收入达到 1200 万美元。因发布化妆教学视频走红的美妆达人 Michelle Phan，不但为国际顶尖化妆品欧莱雅旗下的子品牌兰蔻代言，而且还为其饮料品牌代言，目前身价高达 5 亿美元。

当然，网红电商也存在着一些亟须解决的行业痛点，例如，网红本身的热度及生命周期持续时间较短，使网红难以持续创造价值；网红的风格相对固定，当消费需求出现变化时难以及时做出调整；网红同质化较为严重，一些网红经纪公司甚至可以批量生产网红，使网红缺乏核心竞争力，竞争残酷而激烈。

此外，由于网红粉丝的增长可以在短时间内集中爆发，导致一些缺乏专业运营团队的网红由于没有建立稳定的供应链而错过了价值变现的最佳时机；网红店铺，尤其是淘宝女装品类的网红店铺大量涌现，从而导致店铺盈利能力下滑等。要想打破这些行业痛点，需要电商平台在产品、技术及扶持政策方面给予足够的支持。

但是，仍有许多业内人士对细分网红的发展前景尤为乐观。一般来说，细分网红在某一细分领域具备专业知识、技能及经验，从而吸引一批对该领域感兴趣的忠实粉丝群体。优酷平台中的诸多网红自频道中，餐饮、游戏及化妆品是关注度最高的几个自频道。由于细分网红的粉丝群体更为精准、忠实度更高，在价值变现方面也明显更具优势。

### 3.2.3 “网红 + 视频 + 电商”的商业想象

事实上，网红产业和之前的快时尚产业并无太大的差异，其逻辑均为先设计、再营销，然后生产、交易。区别在于，网红经济将借助互联网平台获取的粉丝转化为产品的消费者、营销者，甚至是设计者。

通过与粉丝进行实时交流沟通，网红能够高效精准地把握用户需求，而且有效降低了营销成本。目前由以优酷为代表的视频平台与以淘宝为代表的电商平台结合的“视频＋电商”模式，在网红经济价值变现方面已经形成了一套相对成熟的闭环生态。

“视频＋电商”的逻辑在于：通过在优酷等视频平台上生产优质内容，然后借助微博、微信等社交媒体平台和粉丝进行交流互动，有时为了增强用户忠实度还会举办一些线下活动，不过这类活动通常仅是在粉丝数量相对较少的网红发展初期举办，同时网红会发布一些营销内容，邀请粉丝参与转发，引流至淘宝等电商平台完成价值变现。

“视频＋电商”完成价值变现最为关键的是帮助用户筛选出符合他们需求的、具备较高价值的商品，这就对网红本身具有的专业知识、经验、技能等提出了较高的要求。

从视频平台的角度考虑，之所以“视频＋电商”会产生如此之大的颠覆效果，是因为网红在平台上创造的优质视频内容。得益于优酷具备的海量用户基数，能够生产出优质内容的网红，很容易吸引大量粉丝关注，从而为其通过淘宝等电商平台完成价值变现打下了坚实的基础。

事实上，许多成功案例已经证明这种模式具备巨大的价值。2016 年 4 月，优酷自频道进行了直播测试，宣布将尝试推出“直播＋电商”模式。对于广大自频道的主播而言，可以通过以下 3 种方式获取回报：

（1）粉丝打赏的虚拟礼物可以直接在优酷平台转换为金钱；

（2）主播可以将自己的直播间设置为付费直播；

（3）作为投资方的阿里已将淘宝、天猫与优酷打通，用户可以在观看直播的同时直接购买其推广的产品。

人们对优质内容的需求已经提升至新的高度，从而为视频网站通过流量变现、付费会员、网红电商等模式完成价值变现提供了落地基础。毋庸置疑的是，不断崛起的“视频＋电商”模式，必将使传统视频产业及电商产业发生颠覆性变革。

# 3.3 罗辑思维[1]：视频自媒体的模式变现路径

## 3.3.1 商业定位：构建优质社群圈子

在互联网及移动互联网迅速发展的今天，各式各样的自媒体纷纷涌现。有相当一部分视频自媒体也取得了令人羡慕的成就，最具代表性的莫过于罗辑思维。

2012 年 12 月 21 日，罗辑思维开始在优酷上线并进行内容输出，与此同时，罗辑思维公众号开通。到 2013 年第三季度，其微信用户数量达 50 万，罗辑思维视频的点击量接近 3000 万。如今，支持罗辑思维的忠实粉丝用户不在少数，该自媒体已成为其所属领域内的标杆性存在。

当今时代的用户群体，无论是在思维方式，还是其他方面，都追求个性化。在这种大环境下，一档节目想要在市场上维持自己的生存地位，必须拥有明确的定位。

以前的电视节目仅限于在内容及受众群体方面拥有确切定位，经营者只需保证内容符合观众的兴趣，就会得到足够的资金支持。罗辑思维在定位方面区别于传统电视节目的地方在于，除了在内容及用户方面拥有明确定位之外，主持人也要有鲜明的风格。

罗辑思维的受众定位突破了传统思维模式的限制，能够为国内自媒的发展带来有益启示。

---

1 罗辑思维，知识服务商和运营商，包括微信公众订阅号、知识类脱口秀视频节目罗辑思维、知识服务 App 得到。从 2012 年开播至今，罗辑思维在优酷、喜马拉雅等平台播放超过 10 亿人次，在互联网经济、创业创新、社会历史等领域制造了大量现象级话题。

## 以读书思考节目为切入点

读书思考类节目是罗辑思维在进行内容生产时围绕的核心主题，该自媒体从全新视角解读信息，为观众带来思维上的启发，“死磕自己，取悦别人”是其宣传标语。

罗辑思维主要面向喜欢阅读书籍、注重从不同角度分析问题、期待自己在专业领域内有所提升、注重独立人格的年轻人。近年来，很多电视节目为了迎合观众需求，不断融入娱乐元素，而罗辑思维开辟了一条新道路，以读书为切入点，由主持人向用户传达自己对书籍内容的理解。

现如今，与娱乐因素相结合的电视节目呈现出同质化特点，对观众的吸引力逐渐下降，为了寻求价值量更高的节目，用户纷纷从传统电视转移到线上平台。罗辑思维的视频节目上线后，观众认识到在信息泛滥的今天还存在着独具风格的思维解读方式，扩展了人们的知识面，使他们能够从全新的视角看待身边的事物。立足于这个角度来分析，罗辑思维没有在把握用户需求的基础上投其所好，而是使观众学会自己思考，冲破传统思维模式的局限性，使用户的思维更加活跃，能够从更加全面的角度剖析问题，从精神层面上打动用户。

除了罗辑思维之外，很少有视频节目会采用这样的定位方式。在大部分媒体行业从业者看来，现如今的观众面临巨大的工作及生活压力，应该在闲暇时间放松自己，愉悦身心，但大部分媒体人却没有意识到，太多的娱乐挤占了人们的思考空间，罗辑思维则强调读书与思考，因而能够独辟蹊径。

## 凭借“魅力人格体”获得粉丝认同

罗振宇自称“罗胖”，中国传媒大学博士生，曾任央视制片人，他由传统媒体人转型而来。他热爱读书，拥有较高的知识涵养，能够在节目中将自己多年储备的各类知识信手拈来，并且擅于表达，以清晰、条理的方式娓娓道来，能够从不同的角度来分析历史故事、身边小事，使观众从中受益。

从个性方面来说，罗振宇平易近人，幽默风趣，同时坚持自己的价值理念，思想独立，不过分苛求，也不会太在意别人的目光，致力于将志同道合的人汇集到一起。举例来说，罗振宇在发表自己的观点之后，会强调听众可自愿听取，绝不强求等。因此，罗振宇成了“魅力人格体”的代表性人物。

可以这么说，如果不是罗振宇担任罗辑思维的主持人，没有他诙谐幽默、引人深思的语言，该节目很可能不具备这种鲜明的风格，也不会得到这么多用户的支持。对自媒体来说，魅力人格体能够有效提高其竞争优势。

在互联网及移动互联网高速发展的今天，受众群体的知识素养较传统时代有了明显的提高，观众不会盲目追星，把主持人想象成各方面完美无缺的偶像代表，而更倾向于选择那些贴近真实生活的人，如那些在生活中有着独特爱好、性格方面有些缺点但无伤大雅的人，这样的人更容易拉近与观众之间的距离，激发观众的喜爱之情，罗振宇就是凭借其鲜明的个性而获得了受众的支持。

## 注重受众的参与性与互动性

罗辑思维的受众定位尤其值得深入探讨的一点是，借助于微信平台的优势，该自媒体实现了数百万人之间的沟通互动，在微信平台上推出“会来事”模块，会员用户之间就相关问题进行交流互助，使志同道合的用户之间能够有效对接，还能联合开展项目运营，进一步发挥平台的价值。

罗辑思维的这种定位方式打破了以往的思维限制，是对传统模式的颠覆。如今的社会环境下，尽管很多用户在同一个社区范围内活动，但因为个体受到的教育、思维方式之间存在区别，其日常行为习惯、价值理念也不尽相同，人们聚集到一起的机会也比较少。

罗辑思维通过平台搭建及运营，方便用户突破时空限制，与该平台上志同道合的人进行互动，共同参与某项活动，组建社群，联合开展项目运营或创业，还可以寻找自己的知己或者伴侣，等等。这些都能够为认同罗辑思维价值理念的独立个体提供更多的社交机会，通过愿景建设提高用户参与的积极性，使用户更好地融入社群当中，借助群体的力量促进个体的发展。

### 3.3.2 模式设计：互联网思维的创新

根据罗振宇的观点，罗辑思维是采用互联网思维进行发展的。然而，究竟何为“互联网思维”，至今也没有明确的界定。本质上来说，互联网思维是指从互联网时代下用户行为特征及消费习惯的角度出发考虑问题，以用户需求为核心、注重提高用户体验、集中优势力量攻克发展难点等都是其特征，而且是对传统思维的彻底变革。

从用户需求角度来分析，商业价值的实现要以满足用户需求为基础，所以相比企业的利润获得，要更加注重用户价值的实现。再来分析一下用户体验，为了提高用户黏度，企业应该定期对产品进行升级，更好地满足用户需求，提升用户体验。

在集中优势力量攻克难点的过程中，要注重以下4个方面问题：**首先，避开主流，不要与实力型企业正面交战，而应该从它们忽略的领域单点切入，逐步壮大规模；其次，要勇于试错，在试错过程中调整自身战略方向，有效控制成本消耗；再次，要明确定位，追求极致，利用优势资源集中发力；最后，要单点突破，锁定对自身产品需求量最大的目标用户，在把握消费痛点的基础上进行产品推广。**

在变革传统思维方面，创新思维在互联网时代越来越成为企业竞争的焦点，所以，要作为独立的要点来分析。以360为例，该公司实施的互联网思维是对传统杀毒领域所用思维模式的彻底性变革，免费杀毒软件自此成为市场主流，也为其他行业的思维创新起到模范作用。

近年来，互联网思维在诸多领域得到应用，在该模式下衍生出来的许多商业模式也为企业发展做出重要贡献。举例来说，乐视、小米、雕爷牛腩等都是该模式的实践者。随着发展，互联网思维的含义范围也逐渐拓宽。运用互联网思维的企业，在自身运营过程中，会依据互联网的价值、策略、规范、精神、专业技能等推动整体发展，在把握用户需求的基础上，增强用户体验，使消费者从中获益。

对互联网思维的理解，不同人有不同观点，有研究者从企业的价值构成方面来分析互联网思维的作用，立足于企业的产略模式、业务流程及组织架构 3 个层面来阐述，并认为互联网思维的运用，使企业的价值构成方式发生变化，传统模式下各环节依次顺承的“价值链”已经被首尾相接的“价值环”所代替。

上述对互联网思维的理解虽然不完全一致，但无论哪一个角度的分析，都存在共性，即传统商业思维为了适应互联网时代下企业发展的需求，都要进行改革，在这种形势下，那些勇于革新传统思维模式，并最终取得瞩目成就的企业就成为其他人效仿的对象，研究者在综合分析互联网时代下企业新兴战略模式的基础上，用互联网思维来概括这些成功模式中蕴含的优秀基因。也就是说，互联网思维本质上是对互联网时代下经营者的思维特点、企业及用户需求的总结。

罗辑思维是互联网思维的又一实践代表，作为自媒体，罗辑思维避开了与传统电视节目的正面交锋，以细分领域为切入点，进行深度扩展。“有种、有趣、有料”是其强调的标志，为受众推荐优质书籍，并从全新角度分析当下人们关注的焦点问题，给用户群体带来思维上的启发。

罗辑思维的视频节目由罗振宇全程主持，很少有其他人主持，有时为了配合他的演说内容，会加上几幅图，整个画面中只有一张书桌和罗振宇自己。如果是在传统时代，如此单一的设计很难获得大批观众的认可。但同时，出于保证受众体验的目的，罗辑思维非常注重节目质量，每期节目的时长大约为 40 分钟，即使已经拍摄到中途，因为表达、发音方面的小瑕疵，节目制作方也会要求从头再来。所有人都要集中精力发挥最好的水平，充分体现了对产品的极致追求。

此外，罗振宇坚持在罗辑思维的微信平台上每天为订阅者发送一条长达60秒的语音信息，如图3-6所示，体现出他对自己的严格要求。制作方在节目创作前进行选题讨论时也采用互联网思维模式，收集并分析受众群体时下关注的内容，并将其选题讨论过程上传到微信平台，拉近节目与受众之间的距离。

另外，在节目新推出之时，罗辑思维会纳入受众分享环节，听取观众对当期节目的评论意见，通过这种方式有效提高受众的参与度，使节目设置更加符合受众的需求，贴近其心理预期。

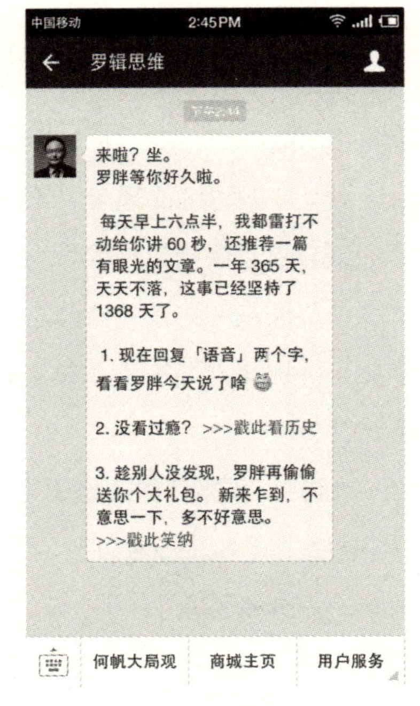

图3-6　罗辑思维微信公众号

## 3.3.3　变现模式：开辟多元化盈利渠道

罗辑思维进行节目创作的初期时，互联网时代的发展还处于探索阶段，那时目标受众群体的需求还比较分散，罗辑思维在盈利方面也没有明确的规划。但经过一年时间的积累，该自媒体围绕用户体验开展商业化运营，结果证明，这种模式为运营方带来的利润比原定计划还要多，同领域内其他平台纷纷开始效仿。

罗振宇将罗辑思维看作一个互联网实验，根据外部环境的变化，不断调整自身商业模式。从现阶段来看，罗辑思维的盈利渠道有下列7项。

### 参与优酷平台的广告分成

优酷平台对专业生产内容的质量进行评判，统计其播放数量，达到平台设定标准的节目可获得广告抽成。此外，粉丝打赏也是罗辑思维的收入来源之一。

## 会员缴纳的费用

如今的消费者越来越注重自身体验，经营者在满足消费者需求的基础上，完全有可能从中获取利润。罗辑思维的粉丝用户出于对节目本身的认可，甘愿支付自己认为物有所值的费用，除此之外，还有部分用户出于对社群或平台的认可支付相应的费用，为平台发展贡献自己的力量。

罗辑思维在 2013 年征集了两次会员，第一次在 5 小时内获得 60 万元收入，第二次在一天之内获得 800 万元收入，这也是罗辑思维的主导盈利方式。另外，该平台还会通过自身的号召力联手其他企业，使会员能够从中获益。例如，该平台曾经为海尔、TCL 的产品做过推广，若罗辑思维的会员用户想要购买其产品，或者想通过该平台推广自己的产品，其会员身份都能使其受益。

## 销售图书与文具

罗辑思维会在节目中为观众推荐优质书籍，其中部分图书已经停止出版，该平台则会联合出版社打造定制版图书，其售价通常高于其在当当、亚马逊等图书的标价，但很快就会被粉丝抢购一空。

举例来说，罗辑思维在微信公众号中出售《战天京》，单价为 45 元，限量 2000 套，该信息发布后不久，读者就纷纷下单抢购。还有平台推荐的《日课》，最初源于罗振宇自己用笔记本书写与节目选题相关的信息，他认为能够通过这种方式提高工作效率，供使用者随时查看自己的思维过程，因此，虽然该产品标价远远超出普通笔记本，但许多铁杆粉丝都争相支持。

## 出版发行文章与图书

尽管罗辑思维的节目类型是脱口秀，但节目中涉及广泛的知识面，罗振宇的解读方式能够给人带来思维上的启发，因此，所有节目内容都可以通过文字形式反映出来，当然也能够进行出版。《罗辑思维 1》和《罗辑思维 2》都是平台独立发行的书籍。

## 在微信平台上进行商品推广

借助网络平台的优势销售传统商品，如图书、课堂、办公用品等。罗辑思维于 2014 年 7 月 18 日上线月饼礼盒装。以“真爱”试金石来包装产品，促使用户通过买月饼赠送他人来表达自己的情感。每盒月饼售价 199 元，一个月售出 1000 盒，最终以 23214 盒的销售成绩收尾。

## 面向创业者传授发展经验

罗辑思维作为行业内的标杆性存在，其发展战略、思维模式等都成为众多初创团队学习的典范。因此，罗振宇本人及其团队成员常会受邀为创业者讲述其发展历程及经验积累，也成为其利润来源渠道。

现阶段，国内自媒体节目在盈利方面尚未建立成熟体系，罗辑思维的利润来源渠道可能使该产业向更加多元化的方向发展。

## 推出内容付费产品得到 APP

罗辑思维旗下的得到 APP 采用付费订阅模式，并取得了不俗的成效。例如，2016 年 6 月平台推出了资深媒体人李翔的付费阅读产品《李翔商业内参》，上线 8 个小时订阅量就突破 1 万，两个月后的订阅人数超过 6.7 万；按照 199 元的订阅年费计算，该产品的创收规模已超过 1350 万元。

与网络文学、电子书等偏向消遣娱乐性的内容不同，罗辑思维平台推出的多是专业性、深度性内容，能够满足用户自我学习和成长的需求，因此人们愿意为这些专业、资深的内容生产者的优质产品付费。

第 4 章

# 网络自制剧：

## 发掘网络视频平台新利润

# 4.1 引爆自制剧：自制 IP 的商业化裂变

## 4.1.1 IP 经济时代的影视新格局

2006 年，胡戈自制的《一个馒头引发的血案》风靡一时，这也催生了一种全新的草根文艺形式——网络自制剧。之后随着互联网的发展，网络自制剧吸引了越来越多的关注和投资。2014 年，各大网站相继加大了在自制剧方面的投入，这一年也被称为“国产网络自制剧元年”。

2015 年，网络自制剧延续之前的火爆之态，并呈现井喷之势，获得了 20 亿元的投资，甚至部分剧集的单集制作价格突破了 600 万元的高价。由此可见，随着网络自制剧的不断发展，将来和电影、电视剧形成三足鼎立之态是必然趋势，颠覆传统影视业旧格局是必然结果。

### 挖掘 IP

无数资金投向网络自制剧，是因为真的能带来巨额的收益吗？实际上并非如此。虽然有的网络自制剧赚了钱，但是大部分是在干赔钱买卖。赔钱为什么还要做呢？答案就是 IP。

IP 是什么？从本质上讲，IP 就是一种互联网思维，其强调的是不同媒介之间知识产权的转化率。事实上，很多人都对 IP 存在误解，单纯地以为 IP 就是将热门题材改编为影视作品，这种理解带来的后果是非常严重的。

以《中国好声音》改编成电影《中国好声音之为你转身》为例，在对这个改编进行策划时，拍摄方认为，如果《中国好声音》的观众都来看电影，那电影的票房就会突破 10 亿元。但实际上，电影的票房尚且不足 300 万元。这就是误解 IP 的后果。

那么 IP（Intellectual Property，知识产权）价值是如何衡量的呢？以热门小说改编电影为例，小说原有的粉丝是多少？改编成电影之后的粉丝是多少？粉丝的流失率是多少？粉丝流失率越低，说明 IP 价值越大。也就是说，将热门小说改编成影视剧——网络自制剧，是检测 IP 价值最简单、最有效的方法。

2015 年，网络自制剧的总数高达 600 部，其中 90% 都是由热门小说改编来的。与传统的电视剧和电影相比，网络自制剧更加贴近观众喜好，和观众之间有更强的互动性，能够根据观众意愿对其情节、表演进行调整，从而提升了观众的满意度，使粉丝流失率降到了最低。

由此可见，对于其投资者们来说，在网络自制剧中投入重金只是前期战略，其最终目的就是要通过网络自制剧培养优质 IP、深度挖掘 IP，为进入影视圈做好准备工作。

## 跨界电影

网络自制剧通过一系列连续的影像讲述故事，无论是和电视剧还是电影都有很亲密的关系，这种关系就表现为它的跨媒介属性，这个属性是连接优质 IP 和影视行业最关键的线索。

网络自制剧不仅吸引了投资者们的重金投入，还吸引了无数知名导演、编剧、演员的纷纷加入。以《盗墓笔记》为例，这一网络自制剧不仅吸引了罗永昌、郑保瑞之类的著名导演，还吸引了李易峰、唐嫣等一线明星。此外，以白客、董成鹏为代表的以网络自制剧起家的人也借机踏入影视圈，将网络自制剧改编成电影，并将制作经验带到了电影中，将这种成功从网络延伸到荧幕上，从而使 IP 利润得以最大化。

相较于电影，网络自制剧和传统电视剧之间的关系更为亲密。例如，在《花千骨》电视剧播出之后，名为《花千骨 2015》的网络自制剧开始制作，凭借电视剧的人气，该网络自制剧的关注度一路飙升。网络自制剧《他来了，请闭眼》则被东方卫视购买版权，同搜狐视频一起播出。在电视剧领域，这种“台网联动”的现象已经屡见不鲜，逐渐成为一种潮流，引导互联网和电视台取长补短，实现共赢。

尽管目前影视圈中“IP 热”盛行，但始终是贬斥多于褒奖。优质 IP 在转化的过程中必然会出现一些变化，或许是美学风格方面的变化，也或许是表现形式方面的变化，但是无论这种变化是什么，都不能被忽略。事实上，在 IP 转化的过程中，很多相关人员只将关注的重点放在 IP 人气和利润的压榨方面，导致影片粗制滥造，粉丝流失率一路飙升，使得 IP 价值被破坏。

网络自制剧的出现为优质 IP 和影视行业的沟通搭建了一座桥梁。未来，判断一个 IP 是否优质，改编后的网络自制剧质量或成为关键指标。

### 4.1.2 自制剧 IP 转化模式与思路

随着新媒体的不断发展，传统媒体市场正被逐渐蚕食，要想更好地发展，破壁之举势在必行。

为此，投资者们做了许多尝试，而网络自制剧只是第一步。其最终目的是什么呢？应该是破除媒介壁垒，让知识产权可以在各媒介间自由通行，从而使知识产权产生的利润最大化。

2015 年，乐视出品的电影《消失的凶手》是计划在网络和电影院同步上映的。但是各大影院认为在网络和电影院同时上映的情况下，观众会更加青睐于在网络上观看，从而会影响影院的收入，因此联合抵制这一行为，最终令乐视的这一计划成了泡影。虽然失败了，但这是破除壁垒的一次伟大尝试，对于破壁行动来说意义非凡。

2016 年 6 月，上海广电、上海文化广播影视集团对外宣布融媒体中心成立，该中心打造的产品“看看新闻 Knews”正式上线。按照规划，该产品会承担东方卫视的各档新闻节目；将开辟一个新闻应用专区在百事通的 IPTV（交互网络电视）和 OTT（Over The Top，指通过互联网向用户提供各种应用服务）中；将有一个名为 Knews24 的直播轮流 24 小时直播新闻，在这个直播中观众还可以点播；另外，还会打造一个“看看新闻”客户端，覆盖移动网络终端。由此可见，“看看新闻 Knews”实际上是将传统媒体——电视和互联网以及移动网络连接在了一起，这个计划是破壁行动最为关键的一步。

网络自制剧也有这样的功能。网络自制剧将互联网和电视连接在了一起，同一个视频内容可以在互联网和电视上同步播出，并且能够实现双赢。以热播的《老九门》为例，此剧一边在东方卫视播出，一边又在爱奇艺播出。东方卫视的收视率并没有因此受到影响，而爱奇艺的点播率也居高不下，这不就是互联网和电视台的双赢吗？

既然网络自制剧可以破除媒介壁垒，那电影又为什么不可以呢？有电影院情节的人总是会等待电影上线，买票去观看的；那些不愿意花钱去电影院看电影的人，无论如何都不会去电影院看。所以，对于电影来说，影院和网络平台的同步播放是可以尝试的，而且这种尝试是大势所趋。

## 高概念题材

在网络自制剧开始之初，出现了很多网络小说的改编作品，如《校花的贴身高手》《拐个皇帝回现代》等。这些影视作品为了迎合小众群体的趣味，使得目标群体非常狭窄，也拉低了网络自制剧的档次。

很多行内人都意识到了这个问题，试图通过各种努力将网络自制剧引回正轨，并希望网络自制剧能够向着那些话题性强、传播性强的高概念题材靠拢。

这种尝试始于 2015 年。2015 年 3 月，《执念师》在搜狐视频上线，其故事情节非常“美剧化”：在现代化的都市中，有一群拥有超能力的人，他们的任务就是运用自己的超能力来拯救人类。这个网络自制剧可谓大制作，其特效场面异常精彩，吸引了无数粉丝，让人们对网络自制剧有了新的认识。

随后，2015 年 5 月《心理罪》上线，2015 年 6 月《盗墓笔记》上线，这两部都是爱奇艺网络自制剧中的大制作。其中,《心理罪》颇具美剧风格，其主线是抓捕连环杀手，整个剧的气氛都较为压抑，一改往昔网络自制剧轻松幽默的特点，特立独行，引起了广泛关注。而关注度超高的《盗墓笔记》，网罗的大明星、大导演、优质 IP 和大投资却表现出了好莱坞大片的创作理念，也是网络自制剧向高概念题材靠拢的一次成功尝试。

现在，网络自制剧的制作有了强有力的资金支撑，其目光也从小群体的受众转移到了大群体（各个年龄段、各个阶层）中，逐渐向着高概念性的题材靠拢，这也是网络自制剧发展的必然趋势。

## 自制综艺

近年来，综艺节目持续火爆，《爸爸去哪儿》《奔跑吧》《中国新歌声》等综艺节目逐渐成为各大卫视争夺收视率的利剑。同样的，作为网络自制剧另一表现形式的自制综艺也逐渐成为各大视频网站厮杀的新战场。

2015 年 6 月，爱奇艺推出的《奇葩说第二季》彰显了网络自制剧涉足综艺节目的信心。相较同质化现象非常严重的电视综艺节目，《奇葩说第二季》表现出了非凡的创意性。《奇葩说第二季》从民间选拔了一些能言善辩、思维独特的普通人，抛出一些话题，这些话题一般是最近发生并在社会上广存争议的，然后以这些话题为核心展开讨论。这个节目的创意让很多人眼前一亮。

除了《奇葩说第二季》之外，2015 年还出现了很多网络自制综艺，如著名节目主持人何炅主持的《拜托了冰箱》，邀请明星来展示自己的冰箱，然后由明星挑选厨师进行厨艺比赛，厨师要选择的食材必须是明星冰箱中的食材。这档美食节目一改以往美食节目的套路，被网友评为“最下饭的综艺”。此外，还有《偶滴歌神啊》《我们 15 个》等。2015 年，不仅是网络自制剧井喷的一年，还是网络自制综艺爆发的一年。

未来这些网络自制产品会爆发多大的能量，谁也讲不清。但是有一点我们可以肯定，网络自制剧一定能和电影、电视剧三分天下。之后，媒介壁垒会被破除，三者之间的互动会更加频繁，这是值得我们期待的。

### 4.1.3 用户思维下的自制剧模式

2015 年，电视剧和网络自制剧的生产总和为 773 部，其中，网络自制剧 379 部，相较 2014 年的 205 部，增幅非常明显（增幅为 85%）。这 773 部剧的市场总额为 882 亿元人民币，其中电视广告贡献了 429 亿元人民币，通过出让版权获得了 227 亿元人民币，5 亿元是海外销售所得。

值得注意的是，网络自制剧的广告收益为 200 亿元人民币，通过用户付费所得的收益达 25.6 亿元人民币。此外，在 2015 年全年的电视收视份额中，电视剧占据的比例为 30%，其中很大一部分来自视频网站用户。

同年，我国出台了“一剧两星”政策，规定一部电视剧最多在两家上星频道播出。这样一来，电视剧在电视台上的传播渠道就被限制了，只能转战互联网。因此，将来一定会有越来越多的传统影视公司加盟视频网站，而那些视频网站领域的先行者们也一定会紧抓不放。

未来，网络自制剧领域的竞争会越来越激烈，为了提升自身的竞争力，各大视频网站需要一改以往“烧钱买剧”的模式，转变思维习惯，深入挖掘用户需求，创新网络自制剧的制作模式，制定视频网站发展新战略，如图 4-1 所示。

#### 由用户选取题材，给予粉丝话语权

在传统的电视剧制作中，选择什么题材、如何拍、选谁拍都是导演和编剧

决定的。但是进入互联网时代，在网络自制剧领域，制作者为了迎合观众喜好、增加点播量，在题材选择方面会更多地听取观众的意见。可以通过网络问卷调查或者其他渠道收集观众的喜好，以此为参考创制相关的题材和内容，以减少网络自制剧无人问津、不温不火等情况的发生概率。

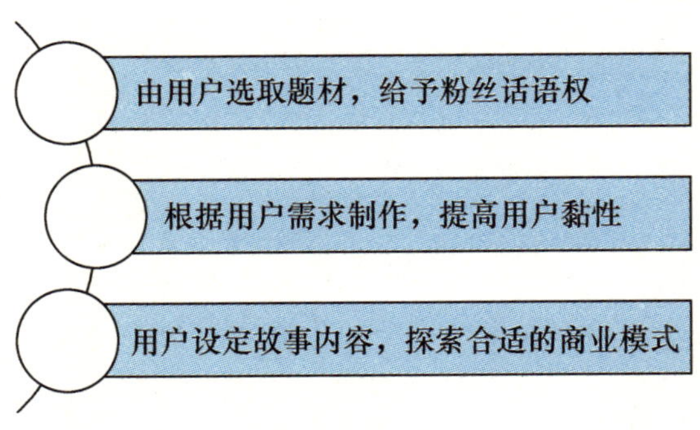


图 4-1　自制剧模式的 3 个要点

以 Netflix[1] 公司的《纸牌屋》为例。在打造这部网络自制剧之前，Netflix 公司收集了 3000 万美国网络用户的收视选择，查看了 400 万条的评论，并对这些数据进行分析之后，将其主题确定为备受美国观众欢迎的“纯粹的政治剧”。

《纸牌屋》一出，立即突破了该视频网站单集历史最高点击量，不仅在美国声名鹊起，在其他的 40 多个国家也备受欢迎。

网络自制剧在制作之前及制作过程中都可以充分听取观众的意见，这样无形中就为该剧赚取了大量的粉丝，同时还产生了很好的宣传效果。在这样的情况下，网络自制剧就可以一改传统电视剧的制作方式，邀请粉丝加入，一同创

1 Netflix 是一家在线影片租赁提供商。公司能够提供 Netflix 超大数量的 DVD，而且能够让顾客快速方便的挑选影片，同时免费递送。

作。在剧情发展和任务设定方面可以给予粉丝话语权，让粉丝获得最大的尊重，以享受粉丝经济所带来的诸多好处。

## 根据用户需求制作，提高用户黏性

在网络自制剧制作的过程中，用户除了可以选择主题之外，还可以选择演员、导演、编剧等工作人员。

例如，在为《纸牌屋》挑选演员和导演时，Netflix 收集了很多用户的相关意见，然后对这些意见进行分析，最终确定导演由大卫·芬奇（David Fincher）担任，由凯文·史派西（Kevin Spacey）参演。这样一来，这部网络自制剧就有了深厚的观众基础，在某种程度上，点播量就有了保障。

用户除了可以选择工作人员之外，还可以对剧中人物的穿衣风格、动作手势等细节问题进行设定。

以《优酷全娱乐》为例，一开始，节目组帮助主持人设计了 3 种不同风格的服装，有星光范的，有国贸范的，还有运动范的。最后经过调查，在对用户的反馈数据进行分析之后决定选用运动范的服装。

腾讯的自制剧《暗黑者》在制作第二季的时候推出了一个名为“全民制片人”的系列活动，通过这个活动，用户可以自己设定剧情，可以选择自己喜爱的演员参演，整个过程完全公开透明。最后，相关制作团队在借鉴观众创意的基础上，融入专业制作人的专业技能对其进行完善，从而实现创意制作。

对于网络自制剧来说，“全民参与制片”是一种非常好的模式，可以帮助网络自制剧实现良性运作。同时，借助粉丝的高黏度，可以使网络自制剧有望突破原有的商业模式，新增诸如广告植入、衍生产品开发、付费点播等形式的多个利益增长点，从而实现网络自制剧的高盈利。而高盈利也将推动这些网络自制剧朝着高端、优质的方向发展，最终实现逆袭。

## 用户设定故事内容，探索合适的商业模式

在网络自制剧制造的过程中，用户除了可以决定导演、演员等工作人员之外，还可以设定故事内容。目前，在用户设定故事内容方面有两种方法可以选择。

一种方法是，制作团队对相关的数据进行分析，了解用户的观看习惯，了解当下的文化流行趋势，合理地对剧情进行设置。

以《屌丝男士》为例，搜狐在设置剧情之前，就对相关因素进行了分析，最终决定在流行文化的基础上，采用碎片化的表现方法，将剧情合理地展现出来。

另一种方法是，先将网络自制剧上线，然后再对用户的观影行为进行分析，分析的主要内容包括用户的播放、搜索、暂停和收藏等行为，根据这些行为对剧情进行适当调整。

腾讯的网络自制剧《暗黑者》有一个专门的制作团队，主要任务就是在每集剧上线之后收集相关的用户评论。导演、制片人、监制人等每天晚上都会对这些评论进行分析，总结出观众喜爱的角色、喜爱的桥段，并依据分析在以后的剧集中多为观众喜爱的角色加戏，或者多设置观众喜爱的桥段。

网络视频平台在收集用户评论方面有先天的优势，以爱奇艺为例，爱奇艺每天都会产生大量的用户日志，这些用户日志加上百度的相关数据能为网络自制剧的创制提供更加广泛的数据。

视频网站在商业模式探索方面的脚步一直没有停止。以用户需求为基础，

采用各种方法将用户引入自制剧的创制中，将其变成自制剧创制的一分子，从而形成粉丝效应。再以粉丝效应为基础，尝试采用收费模式。例如，为某一部火热的网络自制剧拍摄“番外篇”，这些“番外篇”就可以尝试采用付费模式。再如某一部自制剧可以发行两个版本，一个版本是正常的，另一个版本是有彩蛋的，这个有彩蛋的版本就可以采用付费模式。这样既不影响用户的正常观看，还可以利用粉丝效应额外赚取一些利润。

尽管网络自制剧有诸多传统电视剧不可比拟的优势，但由于兴起时间还比较短，与传统电视剧相比还处于劣势地位。但是，对相关数据进行分析之后发现，视频网站对相关用户群体的了解更深，能够根据对用户的了解选择题材、导演、演员；在自制剧上线之后，还能够根据用户评论对剧情进行调整，从而形成一个双向反馈过程。

在这种思维模式下，未来的网络自制剧或将超越传统电视剧，实现逆袭，走向人生巅峰。

## 4.2 视频平台如何构建自制剧盈利模式

### 4.2.1 重塑视频网站的商业价值

近年来，电视剧的同质化导致视频网站内容资源同质化，而这种同质化现象的直接影响就是使视频网站失去了大量观众。但是，视频网站为了发展，依然不得不出高价购买这些同质化电视剧的版权，导致视频网站面临着严峻的经济危机。

在这样的情况下，网络自制剧应运而生，凭借投入低、收益高的特点，不仅帮助视频网站节省了购买内容的开支，还帮助视频网站打造出了符合自身特色的品牌，如图 4-2 所示。

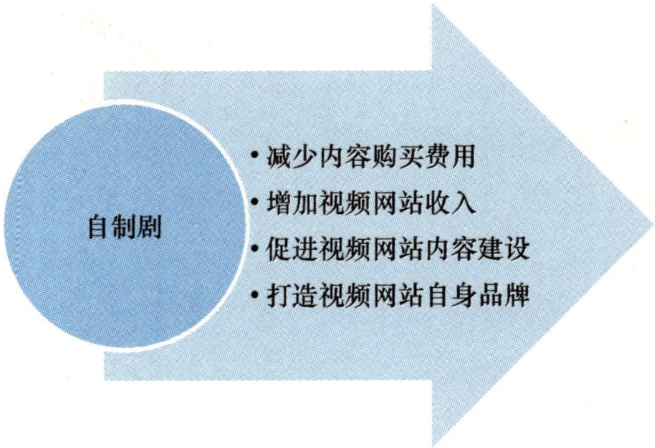

自制剧

- 减少内容购买费用
- 增加视频网站收入
- 促进视频网站内容建设
- 打造视频网站自身品牌

图 4-2　自制剧的商业价值

## 减少内容购买费用

视频网站是以内容资源取胜的，谁能买到优质的内容资源，谁就能盈利。在视频网站刚开始出现的时候，就遵循这样的规则向内容供应商购买版权。之后，国家加大了对正版视频的监管力度，一些火爆的内容资源遭到了各视频网站的哄抢，哄抢的后果就是抬价。内容资源的价格一路飙升，给视频网站造成了巨大的经济压力。

而网络自制剧或者网络自制节目是由视频网站独立制作或者由视频网站和影视公司联合制作，大大节省了开支。例如，网络自制剧《万万没想到》，它的制作成本每集不到 5 万元，与购买内容资源的花费简直就是天壤之别。

此外，各大视频网站不仅推出了网络自制剧，还推出了网络自制节目，如《火星情报局》《晓松奇谈》等。这些自制综艺节目和网络自制剧减轻了视频网站对外购内容版权的依赖，为视频网站节省了不少开支。

## 增加视频网站收入

网络自制剧出现之后，视频网站节省了大笔外购版权费用。而这些费用可以投入自制剧的制作中，选择最好的剧本、应用最先进的技术、选择最优质的演员、制作最好的道具……这所有的“最好”最终会打造出一部备受观众喜爱的、拥有差异化竞争优势的优质网络自制剧。

这些优质网络自制剧会吸引很多观众和粉丝的关注，而关注度提高了，各大广告商就会随之而来。广告冠名、植入、插播等都能为视频网站带来巨大的经济收益。相关数据显示，2013 年，网络自制剧对视频行业广告收入的贡献为 5% ～ 8%；而 2014 年就飙升至 15% ～ 20%。

除了广告商之外，优质的网络自制剧还能吸引国内外的各大电视台购买版权，而版权分销所带来的收益也是非常可观的。此外，视频网站还可以实行付费点播，开发衍生产品，以拓展盈利渠道，增加收益。

## 促进视频网站内容建设

视频网站强大竞争力的来源就是优质的内容，“内容为王”这一规则在视频网站领域依然适用。

优酷网起初采用 UGC（User Generated Content，用户原创内容）模式。在该模式下，网站开设了个人频道，用户可以在个人频道上自由活动，如上传原创作品等。在人们对画质要求不高的年代，优酷这一行为引起了很大的关注度，吸引了很多流量，但是其商业价值却没有显现出来。再加上个人创作作品水平不一，导致网站资源质量良莠不齐。

在优酷 UGC 出现后不久，美国的 hulu 视频网站引起了人们的广泛关注。在这个网站上，用户可以随时随地地查询专业的媒体内容并观看。很快，优酷就借鉴了这种模式，推出了一种新模式——UGC+hulu，将用户原创分享和购买影视剧相结合。这种模式引发了各大主流视频网站内容资源的同质化现象，使网站的用户黏性降低。

之后，网络自制剧的出现为视频网站的内容建设开辟了一条新路。在优酷网站的首页上，“最佳原创”排在了第三位，仅在“热点新闻视频”

和“个人中心”之后。借助“最佳原创”和“优酷出品”，优酷网在磕磕绊绊的探索中终于找出了一条正确的道路，实现了内容资源的创新，形成了差异化竞争优势，为优酷的健康可持续发展打下了扎实的基础。

优酷的创始人古永锵曾经说过：“目前优酷的内容资源中，来自版权方的内容占70%，用户自己制造分享的内容占20%，优酷出品的内容占10%。但就是这小小的30%，却在改变着你我。”

### 打造视频网站自身品牌

在视频网站刚刚运营时，其内容资源都是从内容供应商手中购买的。内容供应商为了获得更大的利益，会将同一个内容资源卖给多家视频网站，使视频网站的内容资源出现同质化现象。对于用户来说，在哪家视频网站观看想看的视频都没有差别，所以用户黏性比较低。

而网络自制剧出现之后，视频网站在内容资源的打造方面有了很强的自主性，可以根据目标群体的喜好来选择主题、打造内容。这样制作出来的网络自制剧就有了明显的差异化竞争优势，不仅能够增强网站的用户黏性，还能体现网站特色，帮助网站形成品牌优势。例如，一提到《万万没想到》，我们马上就会想到优酷网；而提及《屌丝男士》，就想到搜狐视频。这就是网络自制剧所产生的品牌效应。

## 4.2.2 自制剧如何拓展盈利模式

随着各视频网站内容同质化现象愈发严重，各视频网站为了增强自己的竞争力，纷纷转向了自制内容——自制剧、自制综艺和微电影。

视频网站朝自制内容转化的苗头不是近几年才出现的。2012年，优酷就推出了“优酷出品”“土豆映像”和“优酷自制综艺”3个栏目；2013年，搜狐提出“梦工厂”战略；腾讯和乐视则紧随其后，纷纷加大了在自制内容方面的投入。

为什么各大视频网站对自制内容如此青睐呢?

首先，通过自制内容，视频网站可以提升差异化竞争优势，树立自己的品牌；其次，相较于通过购买版权引进内容资源，自制内容可以帮助网站节约开支，增加盈利。从实际情况来说，不少视频网站借助自制视频实现了盈利。那么，视频网站自制视频的盈利模式是什么呢？如图 4-3 所示。

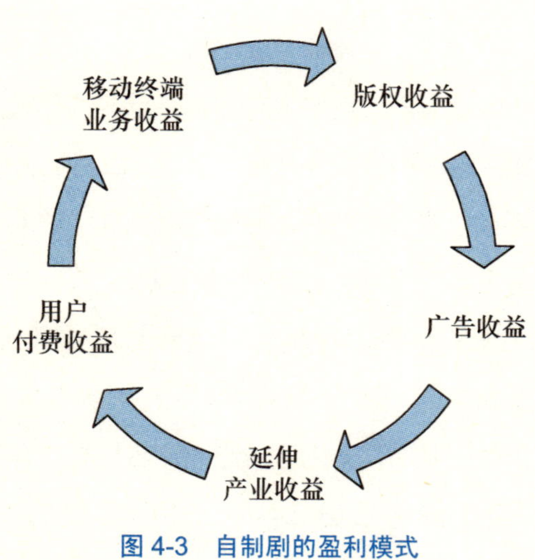


图 4-3　自制剧的盈利模式

## 版权收益

网站自制内容的版权理所当然要归网站所有。如果有的自制内容水平很高、质量很好、粉丝很多，就会引来很多版权购买者，网站通过出售版权就能获得很好的收益。举个例子，爱奇艺的网络自制剧《奇异家庭》，这部剧由爱奇艺自制，版权归爱奇艺所有。其上线之后获得了观众的大力追捧，也引得电视台来购买版权，爱奇艺因此获得了一笔不菲的收益。

除了售卖版权之外，还有一种版权输出模式——“台网联动”模式。与视频网站自制内容相比，电视台在内容制作方面的优势无可比拟。借助“台网联

动”，视频网站的自制内容不仅能够实现多渠道传播，其品牌影响力也能得到大幅度提升。近年来，以爱奇艺、优酷等为代表的视频网站对“台网联动”模式进行了积极的探索，其效果正在初步显现。

对于视频网站来说，虽然版权收益是一种非常好的盈利模式，但这是有限制条件的，只有那些优质的、粉丝多的自制内容才能吸引电视台购买版权。因此，视频网站要想获取更多的版权收益，只能不断提升其自制内容的质量。

## 广告收益

对于目前的视频网站来说，自制内容盈利最重要的模式是广告收益。网站自制内容的广告模式主要有两种：一是贴片广告，二是植入广告。

贴片广告指的是在视频缓冲期间加贴的广告，其渗透性非常强，传播效果也比较好。相较于电影和电视，网络自制视频的贴片广告能够实现高频次播放，能为视频网站赢取更多的收益。例如，《屌丝男士》，搜狐仅凭借《屌丝男士》的贴片广告就收回了成本。

植入式广告是指在自制的视频内容中渗透广告信息，在观众观看视频的过程中将这些广告信息潜移默化地传递给观众。相较于贴片广告，观众对这种广告形式的接受度比较高，广告更能达到营销目的。所以，这种广告形式备受广告主和视频网站的喜爱。目前，视频网站将很多广告植入视频内容中，取得了很好的盈利效果。

搜狐自制的《钱多多嫁人记》，其中植入了十多个品牌的广告，还没有播出制作成本就回来了。除了以这种形式植入广告之外，视频网站还会根据广告主的要求为其定制一些视频内容进行广告宣传。如微电影《一触即发》与《66 号公路》，都是凯迪拉克斥巨资为其新产品宣传而定制的。视频网站通过为广告主定制这些内容产品，也能获得很好的收益。

优势与风险并存，这种模式的风险是什么呢？风险就是一旦某个视频内容中的广告太多，观众就会产生厌烦心理，从而失去收视率或者点播率。因此，视频网站在凭借广告盈利时要以保证用户体验为前提，控制广告的数量和时长，以免过犹不及，取得适得其反的效果。

## 延伸产业收益

视频网站自制内容的盈利渠道不应该只有版权出售收益和广告收益两种，应当加大周边产品和延伸产业的投入，打造一条完整的产业链，使盈利最大化。目前，很多网站都在这方面做出了尝试。

乐视网对其自制剧采用线上每播出一季，线下就联合出版社出版一部漫画的方式，当该剧在线上播放到第三季的时候，还会将其改编成电影。通过这种方式，乐视将自制剧、漫画书和电影打造成了一个产业链，采用延续记忆的方法培养观众的忠诚度和观看习惯。例如，当用户想看某一类型的剧时，首先想到的就是乐视。

优酷的自制剧《泡芙小姐》火爆之后，优酷就在天猫上售卖一些关于泡芙小姐的周边产品，通过周边产品的开发，优酷也获得了非常可观的收益。

此外，还有的视频网站凭借一档自制节目开发出许多内容产品，如搜狐自制的网络脱口秀节目《大鹏嘚吧嘚》，这个节目历经多年，积累了很多忠实观众，具有一定的品牌影响力。搜狐就借助这种优势，先后开发了《大鹏剧场秀》和《屌丝男士》两个衍生产品。其中《大鹏剧场秀》是一档线下演出节目，能和观众进行很好的线下互动，提升亲和力，这是任何一档线上节目都无法做到的。《屌丝男士》则是一款迷你的微剧场，开创了开播 6 周点击量破亿的纪录。

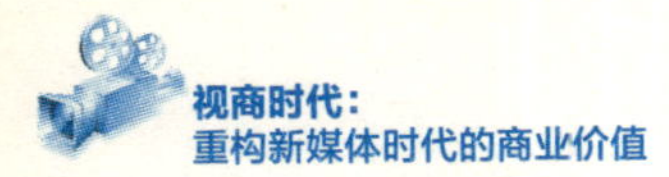



未来，延伸产业收益将是视频网站自制内容最主流的盈利模式。但这一模式的应用是有前提的，其自制内容的质量要高、用户基础要好、影响力要强、延伸价值要大。没有上述这些优势作为基础，一切都是纸上谈兵。

## 用户付费收益

近些年，视频网站都在尝试一种新的盈利模式——向用户收取观看费用。目前，这种模式形成了两种主要类型。

其一，视频网站针对一些稀有资源、优质资源开辟付费频道，观众要想观看其中的内容就必须支付费用。

其二，视频网站开辟一个会员专区，其中的内容只提供给会员观看，普通观众要想成为该网站的会员就得交费，网站通过收取会员费来盈利。

无论是付费频道还是会员专享，其提供的内容都必须热门、有看点，这些内容或者单独向付费者提供，或者提前向付费者提供。如热播剧《老九门》，都会提前向会员提供更新剧集，如图 4-4 所示，进而吸引更多的普通观众成为会员。当观众的付费习惯被养成之后，付费用户的数量就会越来越多，这一模式给视频网站带来的收益也会越来越大。

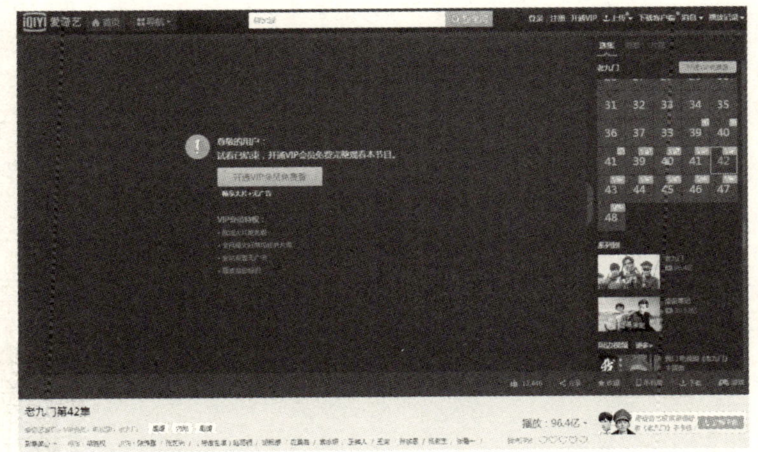


图 4-4 《老九门》的会员提前观看模式

但这种模式存在一个很大的风险，如果该视频网站提供的需要付费的内容资源不够精彩、不够热门，或付费流程过于烦琐、收费标准不合理，就会导致大量用户资源流失。

所以，付费模式的应用不能操之过急，要在积累大量忠实用户的基础上，对用户的付费行为进行逐步引导，慢慢地培养其付费习惯，以保证付费模式的应用效果。

#### 移动终端业务收益

未来，视频网站最重要的盈利方向就是通过移动终端业务盈利。目前，很多视频网站在移动终端业务开发方面都交出了不错的答卷。以优酷网、搜狐视频、爱奇艺为代表的诸多网站移动端的流量都远远高出其 PC 端的流量。

借助移动终端业务的开发，视频网站能够很好地提升用户的忠诚度和付费率、开发高端用户，与 PC 端视频形成互补，拓展传播渠道，实现视频平台的全方位布局。总而言之，未来移动终端会成为视频网站自制内容盈利的一种主流模式。

### 4.2.3 腾讯："版权 + 自制"打造内容帝国

随着视频行业的全面引爆，视频内容付费业务也有了更大的想象空间。腾讯视频在 2015 年 11 月 6 日的"视全视美"V 视界大会上公布了其 2016 年的发展战略和内容布局：围绕"自制""版权"和"用户体验"三大核心战略，全力推出更多的爆款和顶级精品内容，为用户创造"视全视美"的极致体验，吸引和留存更多用户，并为合作伙伴提供更大的商业价值想象空间，从而搭建开放性和极具竞争力的视频生态系统（图 4-5）。

#### 版权内容：以顶级 IP 为核心实现全面覆盖

在"内容为王"的时代，版权内容是各大视频平台内容构成的主体部分，也是吸引和留存用户的关键资源。为了更好地推动版权精品内容战略的落地，腾讯视频一方面在版权内容各个垂直方向进行规模化的全覆盖，以坚实的内容基础，满足不同层次、不同人群的内容诉求；另一方面又发力争夺更多顶级 IP 资源，并通过与国际优秀内容资源品牌的独家合作，打造自身亮点和独特的视频内容优势。

| 版权内容 | 自制网剧 | 综艺节目 | 动漫 | 用户体验 |
| --- | --- | --- | --- | --- |
| 以顶级 IP 为核心，实现全面覆盖 | 打造自制网剧第一平台 | “细分题材 + 大众化”布局 | 进一步深化动漫市场布局 | 创造多元化、交互性的优质体验 |

图 4-5　腾讯的视频生态系统

### （1）电视剧方面，以 IP 剧为核心，构建最强的流行热播剧阵营

在 IP 经济日渐火爆的背景下，腾讯视频在电视剧方面的布局也主要以其为核心，力图为用户打造一个最强大、最全面的热播剧平台，并为后续的影游联动、衍生品等 IP 全产业链开发奠定基础。

腾讯视频不仅凭借雄厚的实力将《锦绣未央》《麻雀》《小别离》《寂寞空庭春欲晚》《劣质好先生》等几十部极具人气的年度大剧收入囊中，成为业内流行内容覆盖占比最高的平台，还独家拿下了 2016 年最受瞩目的三大超级 IP 剧《诛仙 · 青云志》《一路繁花相送》《幻城》。这些布局成为腾讯视频在日益激烈的行业竞争中成功引流的“利器”。

同时，腾讯视频还从 2016 年开始与 TVB 进行合作，为喜欢 TVB 的用户提供包括 600 集当年新剧在内的共 2500 集剧集，建立平台亮点和优势，实现电视剧内容的多元化、差异化布局，拓展视频平台的受众范围。

（2）电影方面，腾讯视频一直是业内流量最高的电影播放平台

腾讯视频除了对华语院线电影进行全覆盖以外，还积极与国外顶级影业公司合作，引入海外经典电影和最新大片，满足用户对国外大片的观赏需求。

通过与派拉蒙影业公司的合作，腾讯视频获得了 2016 年 4 月以后派拉蒙公司最新电影的独家播放权，其中包括《星际迷航：超越》《忍者神龟：脱影而出》《侠探杰克 2：永不归》《碟中谍 5：神秘国度》《终结者：创世纪》等备受国内影迷期待的好莱坞大片。同时，腾讯视频还将斥巨资购入“007 电影系列”、《星球大战》系列电影的网络版权，以及 HBO 和 NBA 精彩内容的独家播放权。

由此，腾讯视频构建了业内最全的国内外电影片库，积累的作品超过 7000 部，其中涵盖了两千多部北美经典电影和最新的院线大片。

（3）纪录片领域，腾讯视频将打造“全球经典纪录片第一平台”

腾讯视频计划将在 2016 年拿下国家地理频道、NHK[1] 等海外顶级纪录片内容，并获得“维多利亚的秘密”时尚秀的全网独播权。

## 自制网剧：打造自制网剧第一平台

自制内容也是视频平台积累精品内容的重要渠道，而且随着视频行业版权内容争夺的白热化以及版权获取成本的不断攀升，自制内容对很多视频平台来说，具有更重要的战略地位。腾讯视频在自制网络剧方面不断发力，联合实力内容团队打造顶级品质网剧，力争成为自制网剧第一平台。

1 NHK，即日本放送协会，是日本第一家根据《放送法》而成立的大众传播机构。

2015 年 9 月 11 日企鹅影业成立发布会上，腾讯视频曾一口气公布了 8 部精品网络剧的打造计划，包括联手著名导演李少红和编剧严歌苓推出《妈阁是座城》，与金牌制片人侯洪亮共同打造《如果蜗牛有爱情》，联合《花千骨》制片人唐丽君推出《重生之名流巨星》，制作顶级 IP 剧《鬼吹灯》等。

腾讯视频获得 2016 年超级 IP 剧《诛仙 · 青云志》的独家网播权后，旗下的企鹅影业还将自制超级网络剧《诛仙 · 特别篇》，以更好地满足原著粉丝的“诛仙梦”；同时，腾讯视频还将推出改编自第一部“千盟级”网络文学作品《全职高手》的同名网络剧。

此外，腾讯视频还积极布局港剧自制项目。例如，2014 年备受追捧的 TVB 年度热剧《使徒行者》，不仅成为 TVB 跨平台年度收视冠军，还刷新了港剧在内地的网络播放记录。基于此，企鹅影业将与 TVB 共同打造《使徒行者 2》，并将其作为自制项目的重要内容。

## 综艺节目：“细分题材 + 大众化”布局

泛娱乐化背景下，各种创新的综艺节目不仅是传统电视台争夺观众的“利器”，也是各大视频平台布局的重点内容。腾讯视频的综艺布局战略可概括为“细分题材 + 大众化”。

腾讯视频将 2016 年的自制综艺细分为六大类型，全方位覆盖了当前比较火爆的真人秀、美食类、时尚类、音乐类、语言类和亲子类综艺内容，并通过令人耳目一新的创意、阵容、形式和玩法，为观众带来全新的综艺娱乐体验，成为国内自制综艺方面的引领者。

例如，主打明星和粉丝在线互动的《约吧！大明星》《RUN 快跑》，观念碰撞类节目《你正常吗 3》，以演唱会形式揭秘明星隐秘人脉、满足粉丝“窥视”欲望的《帮帮演唱会》，在表现形式方面进行颠覆创新的互联网脱口秀《娜就这么说》……

此外，腾讯视频还对 2014 年下半年推出的在线演唱会平台“Live Music”不断优化升级：2015 年 8 月底与韩国文化内容专业公司 Cantara 达成深度合作，增添了更多精品韩流内容。

2016 年则将通过全新的六大板块和更多明星大咖，为用户带来极致的视听享受。

## 动漫：进一步深化动漫市场布局

随着 90 后、00 后等青睐二次元文化的年轻用户群体规模不断扩大，动漫成为国内各视频网站内容布局的重要方向。为此，腾讯视频制定了“青春国漫剧场”战略，以拥有规模庞大的 90 后、00 后年轻用户群体的二次元娱乐市场为目标，计划在 2016 年围绕《斗破苍穹》《全职高手》等热门 IP 推出 16 部精品国漫大剧，从而深化动漫市场布局，顺应 IP 全产业链发展趋势，助力国漫产业快速成长。

同时，借助与业界一线品牌和战略合作伙伴的协作，腾讯视频还将充分发挥作为“裂变增值平台”“播放营销平台”和“商业共赢平台”的优势，致力于将自身打造成全网第一的“二次元平台”和“国漫第一平台”。

2016 年，腾讯视频将“国漫创投及全面覆盖”升级到平台战略高度，全方位布局各个题材的动漫内容：将 2016 年定为动漫“醉美燃创”年，分四季推出不同风格的精品国漫作品，充分满足不同用户群体的多元化内容诉求。

针对年轻热血男性用户打造“醉 · 国风”季，为用户呈现玄幻、武侠类的史诗动漫大剧；围绕二次元核心死忠粉推出“燃 · 青春”季，提供最 IN、最炫酷、最新潮的动漫内容；而主打新经典、新娱乐内容的“创 · 时代”则覆盖各个年龄段的漫迷，帮助用户围绕动漫进行跨代沟、跨年代的共享交互。

同时，腾讯视频还将充分发挥开放性的平台生态优势，全面引入精品国漫作品，使2016年平台的国漫内容覆盖率达到95%，真正构建出一个能够满足不同层次、不同年龄、不同风格用户需求的“国漫第一平台”。

### 用户体验：创造多元化、交互性的优质体验

除了围绕“覆盖＋顶级”两个维度进行内容布局，腾讯视频也十分注重“体验牌”，致力于通过精品内容为用户创造多元化、交互性的优质体验。

以直播体验为例。腾讯视频将优化升级弹幕、好友、竞猜互动、粉丝衍生品、截屏等多种社交传播功能，从而为用户提供极致的社交互动体验；同时，将新推出的“炫境”APP与日益火爆的VR眼镜搭配，为用户带来全新的直播体验；此外，腾讯视频的实时弹幕、吐槽、鲜花等互动功能，也大大提升了用户在观看直播内容时的参与感、沉浸感和成就感。

面对风起云涌的互联网视频产业市场，腾讯视频除了继续坚持以用户端为战略出发点，为用户提供更全面、更优质的视频内容和交互体验，还从“版权＋自制”“覆盖＋顶级”等更多维度出发，深化精品内容战略布局，构建自己的视频内容帝国，为用户提供“视全视美”的极致视听盛宴。

**第一，垂直类型上，全面进军各个垂直细分内容，打造各细分领域的第一平台。**例如，通过版权引进和自制实现热播剧内容的全覆盖，打造全网第一的美剧平台和国内外电影第一片库；通过覆盖各细分类型的节目布局，继续保持国内第一综艺平台的地位，引领国内自制综艺潮流；通过动漫创投战略，打造国漫第一平台等。

**第二，内容结构上，通过“全覆盖＋顶级IP”的布局方式，点面结合，既有针对全部用户的基础内容，又有围绕特定用户群体打造的差异化、特色性内容；同时，注重从战略层面优化升级用户与内容连接时的交互体验，将用户对**

内容的忠诚转化为对平台的青睐。

以移动端为例，腾讯视频凭借成功的内容布局，从 2016 年 1 月开始便成为行业中日均覆盖人数第一阵营中的一员，甚至 2016 年上半年连续 5 个月在移动端的日均覆盖用户数都位居行业第一。

## 4.3 《纸牌屋》：大数据时代的自制剧营销实践

### 4.3.1 《纸牌屋》中大数据营销的启示

由美国流媒体视频服务提供商 Netflix 发行的知名美剧《纸牌屋》于 2013 年 2 月开始推出，该作品的独特之处在于它属于网络自制剧的范畴，没有像传统美剧一样依托电视生态体系，而是在线上渠道发行。

《纸牌屋》播出后大获成功，并成为 Netflix 的代表作品。统计结果显示，该剧第一季推出后，截至 2013 年 3 月，Netflix 国内用户数量达 300 万，海外用户数量突破 100 万，同年 4 月时，Netflix 的总体用户规模已经领先于 HBO。根据 Netflix 财报公布的结果，到 2013 年年底，其国内用户规模接近 4400 万，海外用户规模达千万级。

《纸牌屋》的发行商 Netflix 自诞生以来，始终注重数据的收集及价值挖掘。该公司在初期发展阶段，就将数据分析纳入总体战略规划，利用数据分析及推荐引擎把握目标受众感兴趣的视频内容，并以此增强自身的优势。

用户观看行为包含视频点击、停止、快进、后退等，Netflix 的用户在一天内的观看行为总数超过 3000 万。另外，用户还会进行相关的搜索、点评、收藏等，这些行为总数也达几百万。Netflix 在对这些海量数据进行深度处理后总结出这样的规律：有相当一部分用户支持 20 世纪 90 年代英国广播电视公司出品的《纸牌屋》，而且很多观众崇拜凯文 · 史派西（奥斯卡奖得主）以及美国知名导演

大卫 · 芬奇。

所以，Netflix 做出重拍《纸牌屋》系列剧的决策，由大卫 · 芬奇担任该片导演，凯文 · 史派西领衔主演。《纸牌屋》推出后，在获得不菲业绩的同时，也成为观众热议的话题。

伴随着互联网科技的持续发展，越来越多的经营者将大数据技术运用到品牌及产品营销过程中，在所有行业中，电商领域对大数据技术的应用最为普遍。以腾讯、百度为代表的互联网巨头企业，凭借自身的流量优势，在获取及分析用户相关数据的基础上，采用线上线下一体化的商业模式，注重提高营销针对性。

但是，大数据在视频领域，特别是网络自制剧中的应用尚未成熟。不过，以乐视、搜狐为代表的大部分视频平台都开始将更多注意力转移到大数据领域，在数据获取方面采取相应措施。例如，乐视会对用户浏览视频的时长进行统计；搜狐引进欧美影视剧作，获取并分析受众的评论意见，等等。

尽管国内大部分视频平台已经积累了海量用户行为数据，但并未对数据价值进行有效提炼，也无法根据数据处理结果，在把握用户需求的基础上独立进行内容生产。鉴于这种情况，已经获取足够数据资源的视频内容经营者目前需要做的，就是采取有效措施对大数据资源进行深度处理，挖掘数据价值，为自身发展提供精准的参考信息。

## 4.3.2 网络自制剧的大数据营销策略

### 注意规避大数据营销的潜在风险

虽然大数据能够使经营者更好地把握用户需求，从而开展精细化营销，为企业带来更多利润，但不可否认的是，目前的大数据营销也存在一些问题。

**（1）用户的信息安全受到威胁**

通常情况下要采用大数据营销手段，首先要做的就是获取用户相关数据，Netflix 之所以能够推出广受欢迎的《纸牌屋》，离不开前期对用户观看行为的获取及深度分析，从而把握了多数用户对视频内容的喜好及其关注点。

在获取用户行为数据的过程中，会对用户所处的位置、年龄、性别、个人偏好、薪资水平甚至是个人信用问题有所涉及，不排除该行为会对用户个人信息安全造成威胁的可能。而且，对于哪些数据可以收集，哪些数据应该经用户本人同意之后才能获取，业内并未确立统一的规范体系。

### （2）限制内容创作者的自由

当大数据技术在网络自制剧领域的应用逐渐普及开来时，运营方会通过收集及分析用户的相关数据信息提前预知观众感兴趣的视频类型，并以此为标准来进行影视剧的生产，使所有环节（作品风格、剧情进展、节奏等）都贴近观众需求。从表面上看起来，该模式确实能够有效保证作品发行之后的收视效果，但在这种模式下，很多作品都会脱离创作者最初的设想。

当所有影视编剧都以保证作品收益为目的，在数据分析的基础上讲述故事时，纵然能够给作品发行商带来大规模利润，但立足于艺术发展的角度来分析，一味迎合观众及市场需求会束缚创作者的灵感发挥及艺术创造，最终产生的自制剧都千篇一律。

## 加强与传统媒体影视制作的业务交流

尽管《纸牌屋》只是在网络渠道发行，但其投资力度、制作班底及演员阵容丝毫不输传统电视剧。如此精心的打造，纵然该作品在制作前期没有大数据提供的参考信息，也不会出现太大的差错。

目前，国内网络自制剧也在着力提高作品制作水平。以《屌丝男士》为例，该剧为搜狐平台推出的自制剧，已经推出 4 季，许多知名演员都在其中有着精彩表现，因情景喜剧《生活大爆炸》（美剧）走红的名演员约翰尼·盖尔克奇也加盟该剧，成就了国内网络自制剧最强大的演员阵容，这不仅有助于该剧的宣传，还能有效提升收视效果，可为其他网络自制剧的发展带来有益启示。

## 进行类型片的多元化突破

现阶段，国内网络自制剧的题材以轻喜剧为主导，且时长较短，大多数为几十分钟，主要讲述目前年轻人或上班族的戏剧故事或爱情故事，大多搞笑幽默、娱乐性较强，原因则在于网络自制剧的受众群体具有年轻化特点。

《纸牌屋》则是一部与幽默搞笑风格完全相反的正统剧作，但同样获得了观众的认可，可见并不是只有喜剧类题材的网络自制剧才能调动观众的兴趣。将来国内视频平台是否也能推出成功的、正统题材的自制剧呢？想要在剧作类型上向多元化方向发展，需要解决如下 3 方面的问题：

（1）为剧集制作提供足够的资金支持，防止因为成本不足而无法推出优质自制剧；

（2）组建专业的制作团队，要求团队成员能够进行多种类型的剧作生产；

（3）既要在把握观众偏好的基础上进行创作，又要避免作品内容超纲，无法过审，综合考量后再投入生产。

《纸牌屋》的受欢迎程度足以说明该剧的优秀品质，国内网络自制剧应该积极借鉴其制作及运营方面的成功经验。不过，立足国内现阶段网络自制剧的发展情况来分析，无论是技术应用还是制作成本，我们都无法与 Netflix 相提并论，也就无法依照《纸牌屋》的发展策略进行自我实践。

如今，越来越多的用户从传统媒体转移到网络平台上，国内网络自制剧为了取得进一步的发展，应该明确自身定位，运用先进技术，同时发挥新型媒体资源的优势力量。在贴近观众需求的同时，还要在价值观等方面发挥正确的引导作用，从而提高作品的整体质量。

第 5 章

# 网络视频直播营销：泛娱乐媒体新经济

# 5.1 直播元年：移动互联网时代的掘金新风口

## 5.1.1 正在野蛮生长的网络直播

近年来，受到互联网、无线网络技术迅猛发展的影响，网络直播有了很大的发展，很多电视台和大型网站纷纷建立属于自己的直播平台，根据需求来开展直播活动。此外，诸如斗鱼等大型网络文化直播平台也纷纷出现，并迅速走红。

网络直播的发展带动了文化信息的快速传播。网络直播的形式比较新颖，服务更为便捷，切合了年轻人对“潮”的追求，也带给受众一种新奇感。此外，网络直播的互动性能够让受众相互交流，也能够让受众和主播交流，将主动权交到受众手中，符合年轻人追求“自由”的心态，从而受到众人的追捧。

网络直播上述的种种优势都被各大网络公司看在眼里，这些公司在对其发展前景进行深入分析之后，开始在网络直播文化平台上注资，开启了市场份额的抢夺大战。他们通过服务的不断优化来提升用户的观看体验，期望以极致的体验来扩大自己在有限的直播受众中的影响力，以抢占市场。

为了吸引受众，很多直播平台还开创了独具特色的网络直播节目，如体育赛事转播、明星网络直播访谈等，这些节目的出现为直播平台赢得了不同年龄阶段、不同文化层次的受众。据统计，一个直播间某一时段观看者最多时有数百万人，高数量的受众带来的是高收益，在高额利润的驱使下，网络直播文化不断发展。

此外，“真人秀”节目盛行，而更多的观众将目光转向了网络直播。因为网络直播具有互动性，受众在观看视频的过程中可以和主播交流，在互动的过程中，主播能凭借自己的能力吸引更多的粉丝。

比较有名的网络主播，每天在线观看可达 30 万人，这个数量是比较稳定的，能够抵得上一般明星的粉丝数量。因此，在网络直播群体中就出现了一种趋势——明星化，这些主播在网络直播下逐渐从一名普通的社会大众转变为公众人物。

这种趋势产生了两种截然不同的结果。一方面，在明星化趋势下，各网络直播平台开始争抢明星主播，一般情况下，一个明星主播的年收入可达 7 位数。而网络直播平台为了支付主播的薪金，就需要进行持续、大量的注资。另一方面，这种明星化的趋势也推动了网络直播平台的成长，刺激了网络直播文化的发展和传播。

## 直播主播

网络主播是某一档网络节目或者活动的参与者。与一般的理解不同，网络主播并不单单负责主持一项工作，还要参与节目或者活动的策划、编辑、录制、制作、互动等一系列工作。很多网络主播在直播的过程中要面对以万计、以百万计的观众，不仅要直播节目，还要与之进行互动，因此，网络主播的综合能力往往都很强。

目前，国内半数以上的主播都有自己独立的直播间。观众在网站平台上输入某主播的房间号就可以进入主播的直播间观看，和主播互动。此外，也有的节目采用录播的方法，主播提前将节目录好，随后将视频传到相应的网站，网站的工作人员对节目进行审核，通过之后发布，观众就可以点播。

我国的网络主播涉及的行业不同、领域各异，年龄主要集中在 80 后、90 后之间，以女性为主。为什么女性会占据大多数呢？这是因为很多直播平台对受众的构成进行分析后发现，直播受众以年轻人为主，为了迎合这类人群的审美和需求，就聘请了很多年轻貌美的女性来担任主播。

随着这种状况的发展，部分网络直播的性质发生了变化，演变成了一种女性视觉消费，形成了一种以形象为基础的经济，也就是网红经济。随着网红经济的诞生，这些主播慢慢发展起了自己的副业，如开淘宝、做微商等。这些网络主播的生意往往很多，因为他们售卖的不仅是商品，还有形象。

### 网络直播观众

从上面的分析可知，网络主播大多是根据网络直播的观众构成来选择的，以 80 后和 90 后为主。唯一不同的是，直播观众中有 00 后群体的加入。受年龄构成的影响，网络直播中出现了一种“青年亚文化[1]”现象。

这种现象是由青年人为了彰显自己的与众不同而引起的。例如，某个观众会在网络直播平台上抛出一个话题，这个话题往往一定有争议性，诸多观众会围绕这一话题开始辩论。这种现象也从侧面反映了青年人对突破传统网络直播规则束缚的愿望。

## 5.1.2 国内直播平台的竞争格局

不完全数据统计，2016 年中国市面上直播平台已超过 200 家，不仅明星的粉丝见面会、企业家的产品发布会等开始采用网络直播形式，普通民众也可以拿起手机进行直播，全民直播态势日趋明显。

网络直播伴随互联网起步而产生，早在互联网使用初期，秀场直播模式便应运而生，其中最早创建的秀场应为 9158。然而，互联网主流文化一直以搜索引擎、门户网站、电商平台、社交平台等为主，秀场文化长期以来没有得到应有的重视，甚至还被视为情色经济的谋利形式。直至 2012 年 11 月，欢聚时代于纳斯达克上市，人们对网络直播才逐渐有了全新认识。

---

1 青年亚文化是各个时期处于边缘地位的青年群体文化，它由青年亲身创造，往往会被媒体宣传、放大，对传统文化具有一定的颠覆性和批判性。

进入 21 世纪后，网络游戏风靡一时，DOTA、LOL 等网络游戏具有极强的观赏价值，很大程度上催生了垂直游戏平台。现阶段，让人耳熟能详的游戏直播平台较多，如斗鱼、YY、战旗、全民、熊猫、龙珠等。

游戏直播平台开拓业务的同时，移动直播平台也相继诞生。2013 年，中国移动互联网市场规模突破千亿元，移动用户及其流量均呈爆发式增长。面对此等机遇，网络直播的领先者即刻将业务向移动平台拓展，并参照美国 Meerkat 的移动直播模式，相继推出映客、花椒等直播平台。

从直播内容来看，以上两种直播平台与游戏直播存在较大不同，多呈现出碎片化与多样化特点，反而与秀场模式更为相近。随后，移动版的游戏直播业务也逐步实现。

近几年，中国网络基础设施不断优化完善，同时智能手机也全面普及，极大地推动了全民直播浪潮。自互联网诞生以来，我们的社交形态相继经历了文字、图片、视频，而移动直播则被认为是社交模式的下一个方向。

2016 年是中国网络直播元年，站在风口浪尖的互联网巨头们，怎可错过直播平台的战略机遇。百度、阿里巴巴、腾讯，即 BAT 三巨头以及小米、网易等众多互联网巨头企业，面对 2016 年的战略机遇，均已开始布局直播平台。以下是互联网巨头企业参与直播的几种重要形式。

**第一，自己创建直播平台。**小米直播便是典型案例。

**第二，以战略投资形式参与直播。**战略投资形式推出的直播平台，合作双方会对媒体资源以及用户数据进行共享，是时下较多互联网企业选择参与的直播形式，如新浪微博与一下科技合作，腾讯对斗鱼 TV 的投资等。

**第三，在自己现有的平台中或产品中，自主加入直播功能。**如淘宝购买平台、网易新闻 APP 等。

目前，网络直播平台之间具体定位不尽相同，但是彼此之间不仅交叉，更相互厮杀，竞争格局俨然已经形成。

## 5.1.3 网络直播平台的五大类型

综合性看似是各网络直播平台发展的目标，其实不然，每个直播平台都有自己的主打领域。直至目前，按主题对直播平台进行分类，主要存在以下几种，如图 5-1 所示。

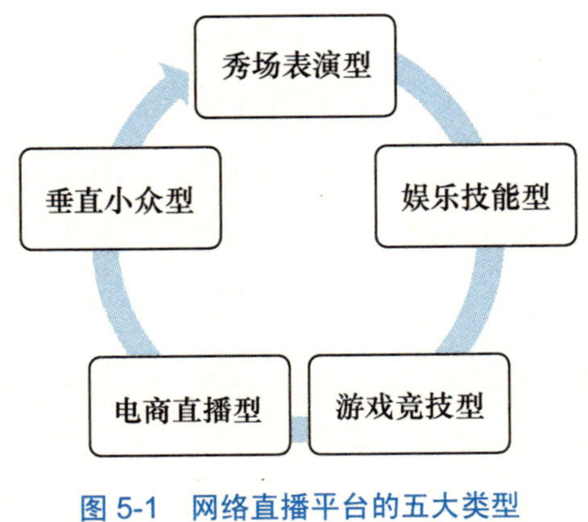


图 5-1 网络直播平台的五大类型

### 秀场表演型

秀场表演是直播平台最早涉及的领域，早期主打秀场表演的直播平台有 YY、六房间等，该类直播平台多借助草根女主播在镜头前表演才艺，鼓励用户送礼物。随后，映客、花椒等直播平台，以及近年来新兴的美拍直播等，均将秀场表演作为主打主题。

### 娱乐技能型

近年来网络直播形式多样、业务广泛，擅长跳舞的韩国练习生等在中国的直播平台上圈粉无数，美女主播逐渐丧失了原有的竞争力。要想吸引更多的粉丝或积攒人气，仅凭外貌是远远不够的，必须挖掘幽默题材，或者掌握特殊的技能，如视频网红达人、PGC 原创播主等。

### 游戏竞技型

竞技游戏也是直播平台的常见主题。中国的网游玩家对 LOL、DOTA 等游戏十分痴迷，其中多数人会花费大量的金钱购买虚拟产品；此外，很多网游都存在较高的观赏价值。基于以上两点优势，新锐的投资家纷纷将直播平台引进网游领域，如周杰伦、王思聪等。目前，主打游戏竞技类的直播平台颇多，人们熟知的有斗鱼、虎牙、熊猫、龙珠、战旗等。

### 电商直播型

网络直播浪潮兴起后，直播平台继而酝酿出了新玩法——电商直播。电商直播具有极强的社交性及互动性，进行电商交易也能创造极大的效益。

罗振宇在优酷直播中拍卖个人藏书，其中《历代名篇选读（上、下）》的起拍价仅为 2.55 元，但历经多次互动最终以 30260 元的高价售出；某品牌口红邀请 Angelababy 进行直播，仅 2 小时售出口红数量超出 1 万支。2016 年上半年，我国直播平台已达上百家，彼此间存在激烈的市场竞争，即使如此，蘑菇街、聚美优品等垂直电商平台仍大胆试水电商直播。

电商直播的发展将为电商购物带来革命性体验。一方面，女主播通过自身对产品进行试穿或试用，为用户带来产品视觉效果，促使用户在观看直播的同时直接下单；另一方面，女主播会向用户分享穿搭技巧，以及化妆技术等，吸引粉丝并鼓励他们点赞送礼物。

### 垂直小众型

垂直小众领域的直播平台凭借差异化的直播内容，将自身已有的优势展现出来，逐渐在直播市场上占据一席之地，如主打体育赛事直播的章鱼 TV，专注在线教育直播的新东方、学而思，专注财经的疯牛直播等。

# 5.2 网红经济 3.0 时代，直播模式何去何从

## 5.2.1 直播的商业模式与资本路径

### 直播的商业模式

尽管市场上现有的直播平台达数百家，但对其进行综合分析后可以发现，直播平台的盈利方式存在一定的共性，即增值服务、广告赞助是其核心盈利方式。

主播的才艺表演、经验分享等均为增值服务内容，增值服务所带来的价值，如打赏红包、打赏虚拟礼物等，便成为主播与平台的盈利来源。借助这种盈利方式，网络直播平台会将虚拟的礼品分设不同的等级供粉丝购买，由于虚拟礼品与现实费用相对应，也就构成了直播的收入。当然，主播与粉丝的互动离不开直播平台，增值服务构成的盈利将由主播和平台分成。

广告与赞助为两种不同的业务形式。待流量以及在线用户量增加后，直播平台便将广告挂出。商业赞助则需依靠品牌方，品牌方邀请明星进行直播是新兴业务形式的一种。

直播平台盈利后，其利润分配一般存在两种模式：其一是平台与主播间直接签约，两者利润将按照约定比例分配；其二是由经纪公司完成签约，平台、主播、经纪公司三者将按照约定比例分配利润。由此可见，以上无论何种分配模式，直播平台均可拿到利润。

仅从直播平台的利润分配来看，往往会带给人们某种假象，认为直播平台运营必然盈利，其实并不尽然。直播平台的运营存在较高的宽带费用，某些相关机构曾对此做过测算，若一个直播平台能够实现同时在线用户达百万，其需要支付的宽带费用往往高达 3000 万～ 4000 万元。而大型的直播平台要支付的宽带费用更是高得惊人。以上市的欢聚时代为例，2015 年 Q4 的财报就曾显示，

平台运营需要支付的宽带费用达到 1.611 亿元人民币，平均每月为 5000 多万元。

那么，直播平台的盈利状况如何呢？我们可以进行简单的计算。假设某大型直播平台现有主播 1000 人，每位主播平均年产出所创造的收入为 50 万元；那么直播平台一年所获的收入即为 5 亿元，平台按 6 成分得利润，每年平均获得 3 亿元，每月 2500 万元。可见，直播平台所获得的利润很难支付运营所需的宽带费用。

除此之外，直播平台还需支付一定的签约费用。如今，直播市场竞争十分惨烈，要确保自己在角逐中不被淘汰，必须全力提高平台流量与用户量。然而对于粉丝而言，他们一直追逐的是主播而非平台，为此，直播平台需要花费高价与人气主播签约，以期提升自身竞争实力。

以上可以看出，当前的直播平台大都处在亏钱运营状态，平台的正常运营多数依赖投资人。为此，直播平台需对盈利模式进行开拓创新，拓展盈利渠道，如增设某些用户订阅付费项目、开拓直播周边文化产品等。

## 直播平台背后的资本力量

直播产业离不开资本的驱动，继手游、团购、O2O 等产业之后，直播产业将是未来几年投资界关注的新宠。根据投资界统计的 116 家直播平台资讯，而 90% 的平台仍处于 A 轮或天使轮，其中后者所占比重约有 30%。

据不完全统计，目前布局直播产业的资本机构大致有五十多家，其背后的投资方主要包括以下 4 类：

（1）以天使投资、创投为主的投资机构；

（2）以周杰伦、赵宝刚为代表的明星群体；

（3）以腾讯、乐视、陌陌为代表的上市企业；

（4）以小米为代表的大体量企业。

正是受到资本市场的支持，诸多直播平台为抢占市场，不惜开启了烧钱模式，直播行业的高额融资日渐频繁。

犹如历史的轮回，团购时代的百团大战，最终胜出者寥寥，经过直播平台间的较量，能够成功存活下来的直播平台也将不会超出5家。直播产业未来的市场格局很大程度上取决于直播的投融资情况，故而直播平台的投融资情况备受关注。

直播市场上现存的直播平台成立时间均不长，捉住机遇并成功获得投资虽然重要，但能否借此脱颖而出仍未可知。

## 5.2.2 直播平台的未来发展方向

市场格局的形成必将经历一场惨烈的断杀，直播平台也不例外。预计，直播市场最终生存下的平台必将是各自主攻领域的佼佼者，但平台数量一般不会超过5家。毕竟直播平台的盈利模式尚不成熟，需要依赖巨额的资本支撑，而当直播平台失去了发展空间，投资人必将立刻停止砸钱。能够生存下来的直播平台也将朝着以下几个方向继续努力，如图5-2所示。

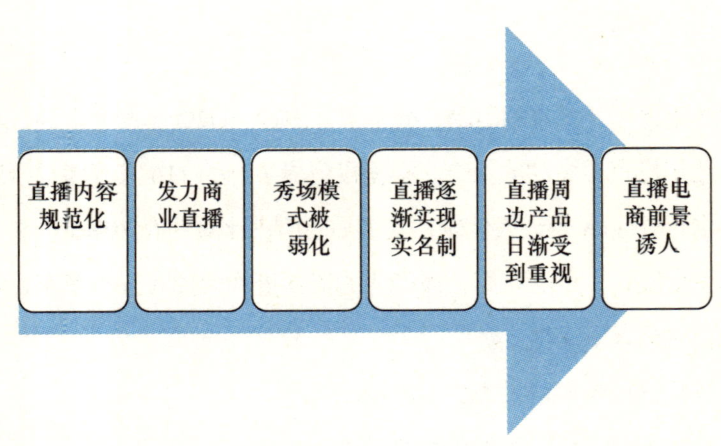


图5-2 直播平台的未来发展方向

### 直播内容规范化

伴随网络直播的发展，国家将逐步加强对直播平台的管制，并完善相关的法律法规，促进直播内容的规范化。当前，直播市场监管是由群众举报、文化部随机巡查两种方式进行，虽然难以实现对在线直播的无缝隙监控，但仍能发挥显著的制约作用。

2016 年 7 月 12 日，六间房、熊猫、斗鱼等 12 家直播平台因存在暴力、淫秽、教唆犯罪，以及其他危害社会公德的违规直播内容，被文化部全力查处，其中严重违规的主播与表演者已被解约。

当然，每个平台的在线直播近千个，而且多数同时在线，仅依靠政府力量进行监管远远不够，直播平台应提高自身自律性，不断加强自审自查，杜绝播出违法违规内容。

### 发力商业直播

争取优质 IP、知名游戏主播的战争已相对平息，未来一段时间内，游戏直播、室内外表演直播等都不会出现太大的变数，而此时，平台正在向商业直播发力。商业直播不仅能够提升平台的知名度，更可帮助平台树立良好的口碑。

2016 年，国内诸多企业家纷纷加入商业直播。例如，雷军于 5 月 25 日晚，直播了我国企业史上首场网络产品发布会，并在直播中呼吁企业家都应尝试参与；花椒直播在 5 月 27 日全程直播了王健林的一天，其中，他们在私人飞机上斗地主的情景吸引了众多粉丝。此外，7 月 11 日 papi 酱也以直播秀场代替了短视频，首次直播就取得了 2000 万全网在线人数的好成绩。

### 秀场模式被弱化

随着直播主题形式的多样化，平台的选择范围日益广泛，促使用户更加理性地选择平台、打赏主播。秀场模式的主播内容相对单调，聊天或喊麦等形式已难以勾起观众兴趣，用户更加青睐网红直播、娱乐技能直播、意见领袖直播等。同时，伴随直播市场的不断完善，商业变现模式不再单纯局限于粉丝打赏，多样化的变现方式也在一定程度上对秀场模式造成影响。

此外，直播平台推荐方面对秀场直播也有所弱化。因为秀场直播的尺寸难以拿捏，直播往往会打擦边球，甚至会铤而走险，而违规的直播内容一旦被查出，直播平台也将受到牵连。

### 直播逐渐实现实名制

为提升直播行业的规范性，《北京网络直播行业自律公约》于 2016 年 4 月问世，该公约中指出，应对在线主播进行实名认证。在全民直播时代，该公约的出台对直播市场的规范发展起到极大的作用。

实施实名制管理是社交方式发展的必经阶段。曾经的微博在快速发展时期面临言论责任制的艰难处境，但走上实名制路线后，短期内便成功转型。当前，直播平台正处于迅猛发展期，多家直播平台纷纷效仿，开始走实名制路线。一直播平台率先遵守公约内容实施实名制，该方面的经验也相对丰富；而腾讯直播也提出，要对未来的主播与直播房间进行实名制改革。

直播实名制实施期间，黑名单制度也被提出，目前已开始进行试点。黑名单制度要求，主播一旦直播违法违规内容，将处处受限。该制度的推行必将带来极强的震慑效果。

### 直播周边产品日渐受到重视

前面我们分析了直播平台的盈利途径，其中广告赞助与增值服务为现存的两大模式，而主播是增值服务效益产生的关键。粉丝忠于主播，而非平台，一旦主播跳槽，必将减少流量，甚至带走用户，阻碍直播平台的发展。

如何才能避免人气主播跳槽，使其长久地留在自己的平台上呢？

（1）组建主播联盟

直播平台可采用集体作战的方式，促成人气主播团队，待联盟团队带来的用户量远超过主播个人的用户量时，即使主播跳槽也能降低流量损伤，就如同淘宝网红与淘宝。

（2）发展直播周边产品

直播平台可以推出与人气主播相关的产品，促进人气主播与平台的融合。例如，直播平台可以制作带有自己 LOGO，同时印有人气主播头像的 T 恤或玩偶，等等。

## 直播电商前景诱人

电子商务，交易额、扩展空间、利润等均离不开流量，电商对流量的渴求极大。而相关调查数据显示，直播平台能够创造的交易转化率往往是导购视频促成交易的 10 倍。为此，即使面对平台厮杀或者资本泡沫，电商仍没有放弃进军直播领域。

不知不觉间，电商直播已形成三足鼎立的局面，分别是淘宝、蘑菇街、聚美优品。2016 年 3 月，淘宝直播开始运营，其做法是在直播过程中展示商品或分享穿搭经营，用户可以“边看边买”，从而推动电商销售。聚美优品与淘宝类似，在直播过程中主播会对美容知识进行分享，促使用户边观看边购买化妆产品。移动视频直播为蘑菇街采用的直播形式，且选取主题颇多，涉及美妆、健身、穿搭以及旅行等方面。

不过，直播平台的各大功能目前尚处于较低阶段，如直播体验中存在卡顿现象，直播与电商结合转化效率低等。要想更好地提升用户体验，直播平台在未来需要加强技术沉淀，提升直播电商的转化效率与数据传输效率，让技术跟得上直播平台创新的步伐。

### 5.2.3 直播平台面临的发展瓶颈

全民直播浪潮已经掀起，直播平台的未来发展也必将带来一场社交或媒体改革，资本家、创业者纷纷投身其中，试图抢占先机。然而，直播平台在快速发展的同时，丑闻也频频曝出，引起国家相关部门的重视。这令人不禁思考，到底有哪些瓶颈阻碍了直播平台的发展呢？如图 5-3 所示。

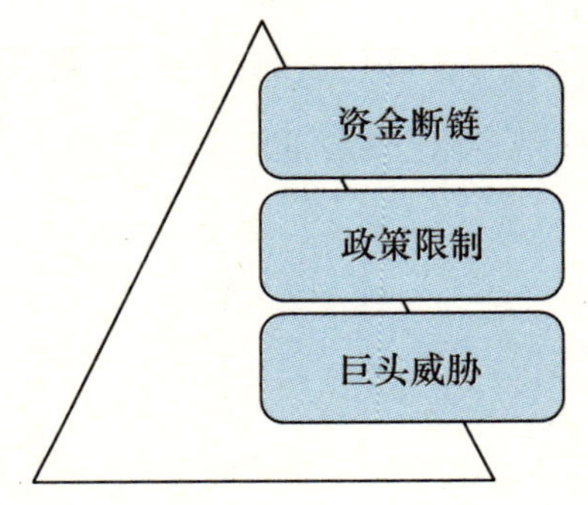


图 5-3 直播平台面临的 3 个发展瓶颈

#### 资金断链

“烧钱”是直播平台运营发展的显著特征，为了更快地在用户圈市场抢占一席之地，直播平台需要支付高额的直播签约费用、巨额的宽带费用，致使直播成为一个没钱便不能玩的游戏。

资本驱动是多数平台运营的基础，而资本投入看的是回报，如果直播格局发生了改变，或者国家出台相关的不利政策，资本的追加便会即刻停止，资金链断裂将对直播平台发展造成致命的打击。

#### 政策限制

在激烈的直播平台竞争中，主播有时会铤而走险、不择手段，对直播市场造成严重污染。对此，国家文化部先后于 2016 年 4 月、7 月查处多家网络直播平台，其中涉及 9158、YY、龙珠直播、虎牙、六间房、熊猫、斗鱼、战旗等，针对违规主播给予解约和严惩的处理。

随着直播丑闻的不断曝光，国家相关部门将加强对直播平台的重视与监管，根据直播平台对主播的管理能力，以及主播的固有底线，约束直播内容的尺度，或出台国家政策法规，提升对直播平台的监管力度。而一旦出台的政策法规不利于直播发展，多数直播平台将被淘汰出局。

### 巨头威胁

未来，直播市场百花齐放的格局将被打破，最终呈现几分天下的直播格局，这同 3 年前的百团大战极为相似。目前，微博已与一直播联手，充分发挥了双方的优势特点。

资本、流量与用户三者对直播平台的发展均十分重要。众所周知，BAT 三巨头有着大量的用户数据与流量入口，若 BAT 与直播平台联手合作，可实现用户账号的共享从而完成导流，必将对直播格局造成巨大影响。

腾讯在直播领域有着深厚布局：一方面，腾讯通过投资将呱呱、龙珠、斗鱼等纳入旗下；另一方面，腾讯致力于直播产品的开发，相继推出 NOW、花样直播、腾讯直播、企鹅直播等涉及多个领域的嫡系产品。

目前，QQ 已加入了直播功能，如 NOW 直播于 QQ 动态中嵌入了入口，空间直播也加入了 6.5.1 版本的 QQ 空间。与 QQ 相比，微信的活跃用户数明显较多，如果微信也做直播必将碾压其他平台。

## 5.3 “直播 + 电商”：传统电商模式的进化与升级

### 5.3.1 直播电商模式的崛起

2016 年，直播开始在国内实现快速崛起，娱乐明星、体育明星、电竞选手、平面模特等纷纷进入直播平台进行直播，作为直播完成价值变现重要模式的网红经济也有望成为我国经济一个新的增长点。随着互联网向传统行业不断渗透，各行业巨头纷纷开展跨界融合，我们开始迎来一个“直播+”时代，而“直播+电商”模式以其巨大的潜在价值受到了社会各界的广泛关注。

在多年的发展过程中，传统电商已经形成了相对稳定的市场格局，阿里、京东、亚马逊等电商巨头控制了大部分的市场，而从近两年电商巨头公布的数据来看，电商产业增速明显放缓，但流量成本却在逐年增长，低水平的营销转化率更是让电商卖家的生存愈发艰难。

“直播+电商”模式的出现为打破这一不利局面提供了有效途径。直播作为移动互联网时代的风口，电商产业的深度融合为各路玩家提供了无穷的想象空间。

基于运营平台已经建立的相对稳定的商业模式，并通过视频直播吸引用户流量的全新玩法，人们称之为“直播+”。“直播+电商”自出现以来，发展就十分迅猛。从本质上来说，“直播+电商”属于“电视+电商”的范畴，也就是T2O[1]模式。

业内机构发布的数据显示，2012年国内从事视频直播的企业仅有25家，但截至2016年5月，该数量已经增长至116家。在熊猫、斗鱼等大型直播平台的流量高峰时段，同时开启直播的网络主播数量可以达到3000人左右，观看直播的用户数量最高可达400万左右。

不仅是一些初创企业，阿里、腾讯等互联网巨头也纷纷入局。阿里上线淘宝直播，有消息称支付宝目前正在对直播进行测试；腾讯不仅拥有腾讯直播、企鹅直播，而且还投资了斗鱼及龙珠，网红papi酱的拍卖会直播就是由腾讯直播主办的。同为社交巨头的Facebook，也将直播作为未来的重点发展方

1 T2O即TV to Online，是指电视媒体与电子商务跨界合作，将产品从电视端转移到线上销售的创新性的电子商务商业模式，是电视端践行互联网思维的一种选择。

向之一。

2015 年国内整个直播行业的市场规模为 150 亿元，预计 2020 年这一数字将增至 1060 亿元。目前国内的直播平台主要包括 3 种类型：

**其一，以游戏直播为主的直播平台**，代表为斗鱼、熊猫、虎牙（前身为 YY）；

**其二，以唱歌、跳舞直播为主的泛娱乐直播平台**，代表为映客、六间房；

**其三，电商属性较为鲜明的直播平台**，代表为阿里的淘宝直播、蘑菇街直播。

一些跨境电商平台也通过“直播 + 电商”进行营销推广，其直播模式主要包括两种：

**其一，明星、网红等自带流量的群体进行直播，主要有网易考拉海购及聚美优品；**

**其二，海外主播走进当地零售店、品牌店的互动直播模式，主要代表就是菠萝蜜。**

无论采用何种直播模式，不外乎用户创造内容的 UGC 及专业生产内容的 PGC，通过直播提供的优质内容为平台吸引更多的用户流量，从而有效提升产品的曝光率及转化率。

“直播 + 电商”所侧重的是通过提高产品销量获取价值，这与映客、六间房等依靠粉丝购买虚拟礼物实现盈利的方式存在着本质的差异。“直播 + 电商”的出现为电商产业的发展提供了强大的能量，使众多初创企业有机会打破电商平台的封锁。

目前国内采用“电商 + 直播”的电商平台主要为淘宝、蘑菇街及聚美优品，这三者之间看似竞争比较激烈，但具体来看，三者之间侧重的领域存在较大的差异：淘宝直播近 80% 的用户是女性，营销的是全品类的产品；以女性社交为切入点的蘑菇街的侧重点是网红直播；聚美优品专注的是跨境电商，其营销侧重点是知名品牌商品。

### 5.3.2 直播电商背后的驱动因素

“直播 + 电商”是主播在一个具备强大社交属性的电商平台中，和那些兴趣爱好一致的用户进行交流互动的同时，向用户传播营销内容，它使营销及流量成本大幅度降低。拥有不同才能及个性的主播可以在直播平台上充分表达，并吸引大量的忠实粉丝。

就目前的市场环境而言，又有哪些有利条件推动了“直播 + 电商”的进一步发展呢？

#### T2O 模式的进一步成熟

进入移动互联网时代以来，在智能手机的快速普及、大众消费水平进一步提升、视频直播成为一大热点、粉丝经济尤为火热等多种因素的综合影响下，T2O 模式逐渐走向成熟，进而为“直播 + 电商”的落地提供了优良的生长环境。

#### 直播价值创造主体的转变

在现有的“直播 + 电商”模式中，价值创造的主体并非电视台、报社、视频网站等媒体组织，而是以淘宝为代表的电商平台，这种转变将带来巨大的变革。建立在电商平台之上的“直播 + 电商”能够使入驻商家与用户实现高效精准的无缝对接，进一步提升平台的服务体验，最终使广大用户成为“直播 + 电商”的忠实爱好者。

#### “直播 + 电商”自身拥有的优势

电商平台借助直播促使商家与用户之间进行连接，从而建立闭环生态，这也是电商平台长期以来追求的终极目标。传统电商平台为用户带来的主要是购物服务体验，在吸引用户关注的优质内容方面却始终处于劣势地位。而在注意力经济时代，谁能占有用户更多的时间与精力，谁就有可能创造巨大的价值。

淘宝女装成交量排行榜长期被网红店铺占据的背后，正显示出了网红群体在吸引用户流量方面的巨大优势。而这些网红群体却并不在电商平台的控制范围之内，长此以往，电商平台很可能会丧失主动权。为了防止出现这种不利局面，电商平台自然要控制网红群体，而建立直播平台无疑是最佳途径。

从消费者角度来看，与自己在线上平台挑选产品相比，与其他用户一起和主播进行互动往往可以获取更为客观而真实的信息，这将在帮助用户做出更加有利的消费决策的同时极大地增加购物的趣味性。

对电商平台中的入驻商家来说，“直播＋电商”提供了一种低成本、高转化率的营销途径，而且用户之间的交流互动也能够为其吸引更多的用户流量。

可以说，在“直播＋电商”模式中，电商平台、入驻商家、消费者、主播等都是受益者。正是这种多方共赢的优良氛围，使“直播＋电商”实现了快速发展。

### 5.3.3 “网红＋直播＋电商”的优势

网红与直播结合所产生的强大能量为电商产业的发展注入了新的活力。与传统电商平台借助图文或短视频展示产品信息相比，直播迎合了互联网经济体现出的场景化、社交化、娱乐化等特征，能让用户在真实的场景中获取相关的产品信息，从而打造闭环生态，极大地增强了电商产业的盈利能力。在吸引用户流量及提升营销转化率方面，网红群体参与的“直播＋电商”展现出了巨大优势。

与此同时，消费者在进行线上购物时，很多时候会由于不能见到实物而被色差、尺寸等方面的问题所困扰，甚至有时会因为自身缺乏专业的鉴别能力而购买到虚假产品，“直播＋电商”的出现则很好地解决了这一问题，消费者可以根据进行直播的网红（通常是某一领域的意见领袖）提供的专业意见及建议来进行消费决策。

对商家而言，其关心的无外乎投资成本能否带来更高的回报，能否吸引更多的忠实用户。具体来看，“直播＋电商”将在以下4个方面为商家带来收益。

**第一，提升产品的曝光度，更为全面地展示产品信息，从而有效提升产品销量。**

**第二，有效降低客服人员的工作负担，减少商家的人力成本。**由主播进行的“一对多”讲解可以有效解决许多消费者普遍存在的问题，而且直播过程中用户与用户之间的交流互动也可以帮助商家普及产品信息。

以前，对每个消费者的问题，客服人员往往要进行一对一解答，这不仅增加了客服人员的工作量及商家的人力成本，而且被各种层出不穷的问题困扰的客服人员很难保证始终以一个平和的心态解答消费者的疑问。而直播将大量兴趣爱好相一致的用户群体聚集起来，由主播与其进行互动交流，将使上述问题得到彻底解决。

**第三，将海量用户聚集起来的“直播＋电商”能够极大提升营销势能，从而提升产品销量，最终为商家创造更高的价值。**

**第四，利用人们普遍存在的从众心理，将大量用户集中起来塑造团购氛围，从而提升产品销量。**“直播＋电商”可以借助网红、明星、意见领袖等群体所产生的名人效应，吸引大量的用户流量，从而通过类似团购的方式增加成交量。

更为关键的是，这与普通的团购方式存在一定的差异，普通团购的逻辑在于通过限时降价促销吸引用户，而“直播＋电商”却是通过在相关领域具备较高话语权的主播直接影响消费决策，在盈利能力方面明显更具优势。

### 5.3.4 直播电商面临的技术挑战

如同所有的新生事物一样，“直播＋电商”在发展过程中也遇到了许多挑战。例如，如何让用户在直播过程中获取更为优质的服务体验，如何强化直播与电商之间的衔接力度，使用户在直播过程中更加方便地购买自己想要的产品，等等。这都是相关从业者需要重点解决的问题。

但从本质上来看，限制“直播＋电商”发展的最大阻碍还是在技术层面上，如图 5-4 所示。

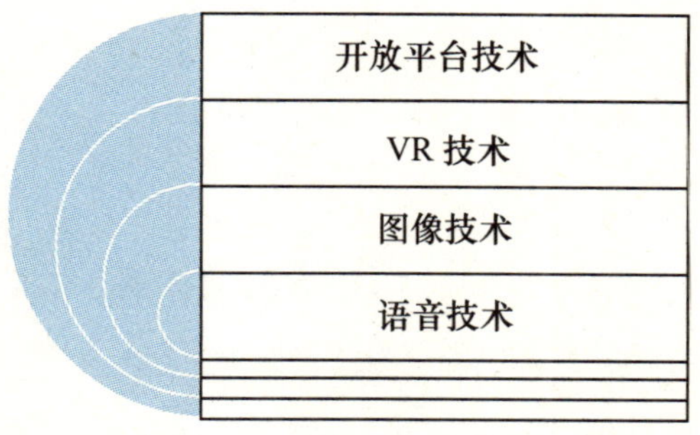


图 5-4　直播电商面临的技术挑战

## 语音技术

当进行直播的主播为用户介绍产品信息时，如果能在用户的直播界面上出现购买链接，让用户直接下单或者将其加入购物车，必然能够极大提升产品销量。

但目前包括淘宝在内的“电商 + 直播”运营方都不具备这种技术，现实中往往是由主播或者房管（直播房间的管理人员）在交流页面直接输入网址，但这类信息很快会被用户发送的海量信息所淹没。

面对这一问题，聚划算给出的解决方案颇具亮点：借助语音口令使用户直接购买相关产品，主播介绍商品时，会公布与之相匹配的语音口令，当用户在聚划算客户端上喊出该口令时，就可以直接购买商品，通常还会为用户赠送一些优惠券。

## 图像技术

当主播在线下店面场景中向用户介绍相关产品时，如果能够利用图像技术直接让用户获取自己感兴趣的产品信息，便可以实现实时购买。例如，当我们观看影视剧作品发现自己想要的产品时，这种技术能让我们直接将这些产品加入购物车中。虽然国内有些初创企业正在研究相关技术，但具体的产品始终未曾亮相。

### VR[1] 技术

VR 技术与直播相结合也是一种必然的发展趋势，应用 VR 技术可以让我们在虚拟空间中近乎真实地全面了解物品信息。在“直播 + 电商”模式中，VR 技术将让消费者“真实”地体验产品及服务，或者与主播进行面对面交流等，例如，借助 VR 眼镜，我们能够和众多的用户及主播一起进入品牌店，了解并体验相关产品。

如果这一技术能够真正实现，必将引发一场巨大的消费革命。据了解，淘宝正在研发的“Buy+”计划就是为了解决这一问题。

### 开放平台技术

目前电商平台所采用的“直播 + 电商”是直接与网红、明星及品牌商进行合作举办现场直播，往往经过多次演练。更为关键的是，电商平台上的绝大部分商家并没有机会参与。要想让“直播 + 电商”真正迎来跨越式发展，向平台中的所有商家全面开放是必然选择。

在“直播 + 电商”发展相对成熟后，这类活动可以完全不必由平台组织，商家可以直接利用平台提供的直播功能邀请网红，或者让自己店铺中的客服人员担任主播进行现场直播。解放出来的平台运营方可以将自己的精力重点放在为商家及用户提供更为优质的连接服务方面。

---

1 VR，Virtual Reality，即虚拟现实技术，是一种可以创建和体验虚拟世界的计算机仿真系统，它利用计算机生成一种模拟环境，是一种多源信息融合的、交互式的三维动态视景和实体行为的系统仿真技术，使用户沉浸到该环境中。

自媒体时代，具备强大社交基因的“直播 + 电商”借助场景化与个性化的营销策略，为电商产业的进一步发展提供了前所未有的重大机遇。在众多创业者及相关企业的共同努力下，相信这些技术问题最终将得到有效解决，届时这一新兴业态将促使更多的国内企业像阿里一样在国际舞台上大放异彩。

## 5.4 直播营销：企业的下一个“营销阵地”

### 5.4.1 新媒体时代的直播营销

近年来，随着互联网的快速发展，网络直播犹如火箭升空一般获得了迅猛发展。在短短几年内，国内网络直播 APP 的数量已多达数百个，自媒体账号更是数以万计。伴随着网络直播的发展，市面上出现了一种新的营销方式——直播营销。

#### 各大品牌试水直播营销

与一般的淘宝营销、微信营销、广告营销相比，直播营销产生的效果更为理想。在高额利润的吸引下，很多大品牌都开始尝试使用这种方法进行营销。例如，欧莱雅在戛纳电影节上的直播营销，不仅提升了其官网和天猫店铺的交易量，还增加了其美拍直播账号的粉丝量，可谓一次成功的尝试。

在直播营销如此火爆的当下，广告商在视频营销方面的预算投入越来越高。以万达为例，万达预计在新媒体上的资金投入要占其全部推广费用的 70%，甚至高于 70%。万达的这项政策反映了现下各企业对新媒体营销的重视，以及其对营销战略的调整。

在网络直播火爆的当下，不仅企业迫切地向自媒体投放广告，广告投放平台自身也日渐完善。

以领库为例，它是微梦传媒旗下的一款软件，将企业和自媒体连接起来，如图 5-5 所示，在直播营销火爆的当下，借机推出了视频直播服务。

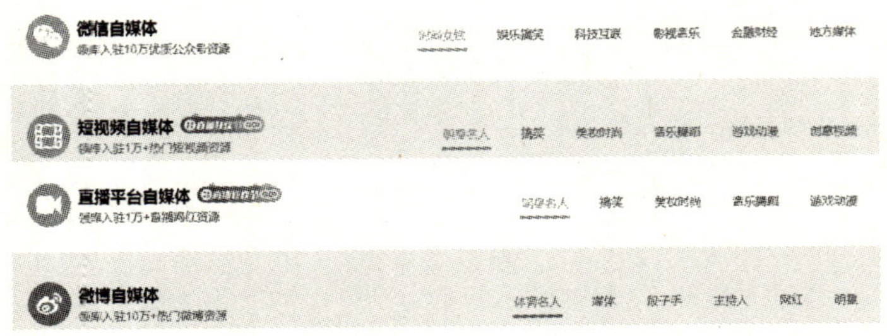


图 5-5　领库平台涵盖的自媒体类型

目前，领库集合了诸多直播资源，如美拍、斗鱼、熊猫、映客、秒拍等，其自媒体的数量多达 1 万，且覆盖的领域较广，将体育、电商、汽车、游戏、娱乐等备受大众关注的领域都纳入其中。除此之外，它还拥有强大的直播团队，如小 P 老师、轰叔、陆琪、陈翔等明星主播和网红主播。

## 直播营销的创新意义

相较其他的营销方式，直播营销有其自有的特点，如粉丝年轻化，与用户之间的高互动性，形式新颖，能实现品牌、用户、营销、交易和社区的相互连接等。在这栏的特点下，直播营销对于品牌创新来说就有了独特的意义，这种意义主要体现在两个方面。

### （1）直播营销具有强大的传播影响力，能够让品牌迅速在大众中间渗透

直播具有强互动性的特征，这种线上活动的参与人数非常多。尤其是网红直播时自带流量、自带粉丝，因此他们直播的内容很容易被观众接受和分享。如果直播的是某品牌，则可以想象这种品牌在大众中的传播速度，其对品牌创新和发展的推动作用是非常巨大的。

（2）直播营销可以使主播的品牌传播行为和观众的购买行为在同一时间发生

在直播营销的过程中，随着信息的传播，粉丝和主播之间、粉丝和粉丝之间都可以相互交流。信息的透明化加深了彼此的信任感，降低了品牌信息被接受的难度，增加了跟风式消费形成的可能。这就为品牌创新的成功提供了一个捷径。

## 5.4.2 企业直播营销的实践路径

### 直播营销的应用领域

随着直播营销的火爆，很多品牌都开始尝试使用直播进行营销，这种尝试涉及了多个领域。

（1）时尚领域：欧莱雅的直播营销

在戛纳电影节期间，欧莱雅尝试直播营销，邀请诸如巩俐、李冰冰、李宇春之类的大牌明星参加“零时差追戛纳”的直播活动，直播明星走红毯之前的化妆过程。在这个过程中，受到邀请的明星不断提及“欧莱雅”的相关产品，如巩俐直播分享她的化妆包、井柏然直言水凝保湿是他的孩子等。这些被明星提及的产品仅一天就脱销，可谓直播营销在时尚领域的一次成功试水。

（2）旅游领域：去哪儿网的直播营销

2016 年，去哪儿网联合斗鱼 TV 尝试了一次直播营销，推出了一档名为“旅欧直播”的系列节目，派出十多名网红去往国内外 8 个热门景区进行直播。相关数据显示，这一直播活动吸引了大量观众，其中，在线人数最多时达 81 万人。可见，直播营销在旅游领域也是适用的。

（3）快消领域：碧生源的直播营销

碧生源和领库联合策划了一次直播营销活动。在直播营销的过程中，提前准备的 300 个红包在 14 秒内被抢完，提前准备的 100 包产品也在 60 秒内被抢完。这是减肥类产品的第一次直播营销尝试，也是垂直类快消品牌的一次成功尝试。

## 企业利用网红直播营销的 3 个关键

### （1）内容为王

无论是何种营销模式，内容都是核心因素。消费者的文化水平越来越高，直播平台的竞争愈发激烈，仅靠主播博观众的眼球是不现实的。所以，在直播营销的过程中，要想吸引流量，就要对主题和内容进行策划、优化。那么，优质的内容和主题是如何判定的呢？

首先，优质的内容要和直播营销的品牌相关；

其次，优质的内容对于观众来说是有用的；

最后，优质的内容是有趣的。

只要做到这 3 点，网红直播营销成功的可能性就会很大。

### （2）优化网红和自媒体的选择

现如今，随着网络直播的发展，直播平台和短视频平台有很多，网红数量也很庞大，那么企业要如何选择适合自己的网红和自媒体呢？

企业在选择网红和自媒体的时候，要从两个层面去挑选。

第一是广度：也就是说在资源允许的条件下，要选择那些能够通过直播提高品牌关注度的自媒体和网红。

第二是相关度：也就是要根据自己直播营销的产品和品牌来挑选合适的自媒体和网红。

总之，无论是自媒体还是网红都不能随意选择，否则可能会适得其反。

### （3）技术细节不可忽视

在直播营销的过程中，很多用户都是通过手机观看视频的，如果在观看视频期间发生黑屏、卡顿等问题，会严重影响用户的体验。因此，要在技术上规避这些问题的出现，为直播营销提供有效的技术保障。

### 5.4.3 直播营销具备怎样的内容

2016 年，网络直播以星火燎原之势迅速发展起来，业界更是将这一年称作“网络直播元年”，而诸多品牌建设者们也都认识到了这一形式所具备的传播优势，纷纷加入进来。

中国互联网络信息中心（CNNIC）于 2016 年 8 月 3 日发布的第 38 次《中国互联网络发展状况统计报告》显示，在国内的网民中，有 45.8% 的用户在使用网络直播，具体规模达到了 3.25 亿人。这表明现在已经进入了全民直播时代。

#### 视频直播：重新定义媒介传播

网络直播之所以能够如此迅速地发展壮大，主要有两个方面的原因。

**其一，随着移动互联网的全面普及、社交媒体的进一步发展，用户可以通过移动终端设备随时、随地、随心地捕捉身边的环境与事物，并将自己的兴趣与关注点分享出去。**这种形式在操作上比较简单易行，所以参与起来几乎没有门槛。于是就造就了如今全民参与的盛况。

**其二，在移动互联网时代里，作为网络用户主体的年轻人比较崇尚个性张扬，主张为自己代言，有着向外界展示自我的诉求，所以他们会本着展示其特定的社会角色的目的，利用自我表演的方式通过直播平台分享出去。**

网络直播的面世使得许多事件都能够第一时间内传播给大众知晓，并可以向大众呈现“第一现场”。这样一来，媒介传播的形态就得到了丰富与改变，诸多新媒体、网络媒体也都在向着直播转型与渗透，如今日头条、网易新闻等主流移动端媒体。

此外，许多基于微信的自媒体也加入网络直播的阵营之中，越来越多的明星在经营 IP 的同时尝试着新的传播形态，网络直播俨然成为了媒介变革的新风口。

## 用户即入口：品牌营销的新阵地

新热点一向是品牌提升营销价值的一大借力，如今网络直播的娱乐性汇聚了大量的人群，因此而形成的新流量入口自然就成为品牌眼中的香饽饽，于是品牌纷纷开始试水，以求在新的营销平台上抢占有利地形。

在以往的品牌营销中一直使用的是一种自上而下的传播模式，品牌与企业会先对信息做一个严格的筛选，然后进行传播。而网络直播在传播方面却有着其他形式所不具备的优势，即能够直接向受众传递品牌最原始的形象。对产品进行全方面的展示也好、发布新的产品品类也好，品牌可以通过这一开放性的模式来与受众进行平等的互动。

同时，网络直播在交互方面有着非常强的特性。例如，受众在观看直播的时候可以随时通过弹幕等形式表达自己的意见和情绪，与主播进行即时的互动，这是其他媒体所不能及的一大特性。

品牌可以通过交互性这一特点向受众展示更加真实、更具亲和力的形象，拉近与受众之间的距离。因为这一形式能够为受众带来更直观的冲击，比起图文与视频来说更有价值，所以各品牌都将之视为必争阵地。

## 直播营销的关键：原创优质的内容

虽然现在许多品牌都瞄准了网络直播这一新战场，也做出了一些看上去很好的案例，但就事实而言，当下的网络直播还处于蹒跚学步的阶段。目前的网络直播无非是两种形式，一种是草根网红直播，另一种是名人明星直播。

前者是基本形态，大多数的品牌选择了这一形式，他们找来那些小有名气的草根或网红试用其产品，并将过程直播给受众观看；后者则利用明星效应，借助明星的人气和影响力来打开品牌的知名度。

两种形式虽然有着些许不同，但都极具爆发力，甚至还有的优秀案例实现了向电商的转化，成绩貌似还算喜人。但实际上，这并不能成为其终极模式，如果不考虑持续性的话，这一短暂的爆发就会像烟花一般转瞬即逝。

网络直播不是单纯地利用直播平台进行直播，营销也不是以直播为目的，而是品牌传播自身的一个新方式，并将在不久的未来中成为常态。

例如，品牌可以利用直播的形式向受众展示更为优质的内容。在这类形式的品牌营销中，那些原创的、能够引导受众消费理念与生活方式的内容会逐渐展现出巨大的能量，并成为一种颇为重要的方式。品牌应该打破现有的网络直播形式，不再局限于草根、网红或是明星这些人群，而寻求专业人士的助力。

品牌也可以发挥自己的主观能动性，创造一些有主题、有创意的直播内容，并进行持续性的输出。直播能够随时随地地进行，但并不代表全天无休地呈现，选择合适的时机非常重要。进行新品发布会的时候就是一个绝好的时机，以直播的方式吸引大众，扩大品牌的曝光度与知名度，这样一来还能够与受众在第一时间内进行沟通互动。

此外，品牌也可以将直播的形式固定下来，每隔一段时间就根据不同的主题进行一次直播，这样既能够保持品牌在市场上的热度，又能够持续吸引受众的注意力。相较之前那种单向的、病毒式的传播形态，这种模式更能感染与吸引受众。

如今，网络直播这一形式正在逐步成为人们社交的全新方式，并容纳了游戏、娱乐、综艺、音乐等各个领域的内容，充分显示了其与垂直行业之间庞大的合作空间。网络直播并不是一个简单的平台与工具，而是一种全新的业态，能够将诸多不同的行业融入其中，并能为之创造新的价值。

第 6 章

# 微视频社交：

## 移动互联时代的营销新方法

# 6.1 “短视频 + 社交”：下一代社交网络的来临

## 6.1.1 短视频社交时代的商业机会

随着 4G 通信技术的大规模应用及移动互联网的全面渗透，在社交时，越来越多的人选择通过短视频来取代文字和图片，短视频社交时代的序幕已经悄然拉开。事实上，短视频可以应用的范围十分广泛，版权分销、广告营销、网红经济等都是短视频创业者可以探索的领域。

从易观智库发布的短视频社交用户数据来看，国内短视频产业正处于快速增长期。占据用户排行榜首位的是美图秀秀推出的移动端应用产品——美拍，其活跃用户数量高达数千万。2014 年，当人们还沉浸在阿里创造的 571 亿元的交易纪录所带来的震撼时，美拍则以创纪录的 300 亿新浪微博阅读量刷新了人们的认知。

随着各路玩家不断涌入，短视频行业的竞争也开始逐渐激烈，包括美拍、微拍、微录客、微可拍、新浪微拍在内的短视频应用产品大量涌现。从短视频行业的发展状况来看，市场份额居于首位的美拍，凭借着美图秀秀积累的海量忠实用户，目前已经取得了较大的领先优势，其活跃用户数更是遥遥领先。

### 短视频平台的本土化落地

2013 年，Twitter[1] 收购的视频分享创业公司 Vine[2] 正式上线短视频应用产品 Vine，并将视频时长限制在 6 秒以内，随后凭借以图片社交崛起的

1 Twitter 是一家美国社交网络及微博客服务的网站，是全球互联网上访问量最大的十个网站之一，是微博客的典型应用。

2 Vine 是微软公司开发基于地理位置的 SNS 系统，类似于 Twitter 服务。2012 年 10 月 10 日，Twitter 收购了 Vine。

Instagram 于 2013 年 6 月上线短视频分享功能，视频时长在 3 ～ 15 秒。

国内的创业者及企业迅速将短视频应用引入本土市场，但在海外市场的产品及模式要想在国内市场取得成功，必须要进行本土化。不难发现，国内的短视频应用产品优化调整各个方面，使自身更加适合国内市场。

国内的广大用户由于缺乏专业的拍摄技术，再加上拍摄设备性能方面的限制，往往无法拍摄出高质量的短视频作品，为了解决这一问题，国内的短视频应用产品往往选择将视频时长延长至 60 秒。

视频时长的大幅度增加，不仅更好地满足了用户需求，还为企业挖掘短视频的潜在价值提供了更为广阔的空间。不难想象，将短视频从 15 秒延长至 60 秒后，广告主投放广告、网红展示才艺、意见领袖分享知识等都具备了落地基础。

为了吸引用户，美拍邀请了众多明星名人入驻平台，李小璐、邓紫棋、黄子韬、陈小春、汪苏泷等明星的加盟为其带来了海量的用户，但这种邀请明星入驻的发展模式，不仅要耗费大量资金，更需要有足够的时间来建立粉丝社群，从而释放其潜在价值。

海外市场中的短视频应用产品 Vine 能够取得成功的关键在于，其有效满足了用户通过短视频展示个性及趣味的需求，但这种用户需求在国内市场却并没有这么强烈。所以，国内以美拍为代表的短视频应用产品更多的是将自己的资源投入帮助女性用户展示自我魅力方面。

在视频拍摄方面，美拍为用户提供了强大的 MV 效果优化功能，用户可以通过添加滤镜，使用樱花、百老汇、摩登时代等各种类型的 MV 特效，制作出优质的短视频作品。此外，用户还可以为自己的短视频选择合适的内置音乐，充分满足用户展示自我魅力的需求。美拍借此为自身积累了大量细分领域的忠实用户。

## 微信的短视频分享功能

微信从 6.0 版本开始上线短视频分享功能，这为短视频社交在国内市场的推广普及打下了坚实的基础。在各种细分领域的短视频应用大量涌现的年代，广大普通民众通过分享短视频作品，拥有了像明星一样成为社会各界关注焦点的机会。

智能手机及移动互联网的推广普及使短视频作品制作、分享、传播、评论的成本大幅度降低，人们可以低成本、高效率地展示自我个性及魅力。而且，与图文信息相比，视频可以传播的内容更为丰富、形象，能够在短时间内产生极强的话题效应。

微信开启短视频分享功能，可以将大量对短视频分享感兴趣的用户转移至以美拍、秒拍为代表的更为专业的短视频分享平台。这是因为微信上线短视频分享是为了完善其社交生态，仅仅迎合移动互联网时代短视频社交的用户需求是无法充分满足那些存在强烈分享需求的短视频用户的。而美拍、秒拍等短视频分享平台则是致力于吸引各个细分领域的忠实短视频分享用户，通过 UGC 模式打造短视频内容生态，这就为短视频用户的聚集营造了良好的生态。

## 6.1.2 短视频社交产品的构建法则

### 内容生态的完善与平台属性的打造

短视频应用产品兼具媒体属性及社交属性。在发展初期，短视频应用产品更多是一种承载用户发布短视频的载体，但由于用户创造的内容会为平台积累大量的优质内容资源，当用户流量积累到一定的规模及用户黏性大幅度提升时，借助用户在社交媒体平台上对这些视频内容进行评论、分享及转发，必定会为短视频平台导入大量的用户流量。

随着短视频应用产品内容资源的积累及用户流量的增加，建立在兴趣社交基础上的用户生态体系得以发展壮大。于是，许多短视频应用产品开始向以短视频分享为核心的社交新媒体平台转型。

在国内的短视频市场中，不但有美拍这种已经建立了一定的领先优势的成功之作，而且还存在着以微视为代表的失败案例。

2015 年 3 月，腾讯宣布战略性放弃微视，微视项目高管集体出走。作为腾讯旗下短视频分享社区，微视曾被许多业内人士看好，其定位是意欲通过邀请明星、网红、意见领袖入驻平台发展短视频社交媒体平台。但这与微信的定位出现了较大重合，由于后者是国内最大的社交媒体平台，因而在上传短视频时，人们会自然而然地使用几乎每天都在使用的微信，从而大幅度削弱了微视的影响力。

而美拍却不存在这种问题，作为美图旗下的短视频应用产品，其不但与美图秀秀、美颜相机等并不存在着业务重合，而且能够形成良好的生态互补，美图秀秀及美颜相机积累的海量忠实女性用户群体能够为美拍带来庞大的用户流量。

未来，在整合大量优质短视频内容资源及用户流量的基础上，具备完善内容生态及平台属性的短视频平台有望迎来爆发式增长期。

## 建立内容壁垒，创造更多场景与需求

在短视频平台尚未引入明星、网红等自带庞大用户流量的大 V 前，短视频经历了一段相当长的沉寂期，用户拍摄、分享短视频作品的习惯培养进展得十分缓慢。而随着短视频平台开始尝试引入大 V 及那些存在强烈的展现自我魅力需求的女性群体后，逐渐吸引了大量的用户，而且也使用户黏性大幅度提升。

短视频平台要想真正留住用户，关键在于进一步培养用户通过短视频创造趣味内容、分享生活的习惯，并尝试为其创造较高的价值。

当然，短视频平台的发展也存在着诸多的限制。与手机用户总量相比，截至 2016 年 6 月，我国 4G 用户数量为 5.3 亿人，尚存在巨大的提升空间。除了众所周知的资费问题外，由于基站建设仍存在较大的缺口，在一些较为偏远的地区，4G 通信的问题还十分突出。在短视频应用产品方面，也需要企业对功能不断进行优化调整，进一步降低其对手机性能的要求。

不过，上述问题的解决仅是时间问题，如果短视频平台能够率先打造出完善的内容生态，引导不同细分领域的用户组建成为兴趣社群，必将使自身在未来的短视频市场中取得巨大的领先优势。

平台之争始终是一场内容之争，强大的功能、明星、网红及各种各样的营销手段只能为平台引入用户流量，只有优质的内容才能留住用户，并使之形成较强的用户黏性。在行业竞争愈发残酷的背景下，优质内容可以让企业构筑较高的竞争门槛，通过创造丰富多元的内容消费场景来完成价值变现。可以说，内容是短视频平台建立核心竞争力的关键因素。

随着基础配套设施的不断完善、人们对内容需求的进一步升级，短视频产业有望迎来一段爆发式增长期。而对于积极布局该领域的各路玩家来说，内容将成为决定其能否突围而出的核心所在。依托 UGC 及 PGC 打造的完善内容生产机制，并为不同兴趣的用户创造各种应用场景，将成为未来短视频平台发展的一大主流趋势。

### 6.1.3 “短视频 + 直播”：引爆社交营销

视频直播的火爆促使越来越多的人开始通过手机直播的方式记录生活的点滴，再加上近两年备受青睐的短视频分享的交流方式，似乎都预示着一个全新的视频社交时代即将到来。同时，通过短视频迅速成名的 papi 酱在品牌营销方面的巨大价值，也让越来越多商家对美拍、秒拍等短视频直播社交平台的品牌营销和变现能力充满了期待，“短视频 + 直播”已成为备受关注的新一代社交化营销平台。

#### 互联网生态发展催生短视频直播

品牌企业之所以对短视频直播社交平台的营销价值充满期待，甚至认为这一领域将诞生出如微博、微信这样的社交营销巨头，主要是因为移动互联网整体生态的发展成熟，在不断拓展无线网络覆盖范围的同时，也不断降低了移动流量资费，这为人们随时随地通过短视频分享和视频直播进行交流创造了有利条件。

短视频分享平台刚上线时，出于对移动流量资费的顾虑，视频内容一般都会控制在 8 ～ 10 秒，这显然不利于用户创作能力的充分发挥。因此，当美拍将短视频内容延长至 60 秒，使用户有更多时间展示自己的才华时，便迎来了平台的第一次爆发。

移动流量资费持续下降使人们能够接受观看更长的视频，短视频分享平台也开始延长视频拍摄时间，如美拍已将短视频时长延长到了 300 秒以上。拍摄时间的延长有利于短视频平台积累更多优质内容，吸引更多用户，进而为品牌营销奠定坚实基础。

视频直播引爆之后，美拍、秒拍等短视频分享平台也顺势增加了直播功能，从而实现了平台用户规模的又一次爆发。

短视频分享平台最初是依托微博、微信两大社交平台发展起来的。特别是在初期，微博病毒式传播的特点帮助短视频分享平台迅速积累起大量用户。例如，借助短视频工具特效方面的产品优势以及美拍达人的精心运营，美拍平台上线 9 个月便通过微博聚合了过亿用户。

直播领域的爆发推动了短视频分享平台用户规模的第二次大幅增长。嵌入直播功能后，用户便可以在美拍等平台上通过短视频和直播两种形式与明星、达人进行互动，从而使更多的用户聚集并留存在短视频平台上，为品牌营销等商业化运作提供了有力支撑。

## 从美拍看短视频社交的营销价值

社交平台的营销价值可以从 3 个方面去分析：**一是用户规模，这是平台影响力的直观表现；二是用户黏性，这决定了品牌营销能否顺利实现流量转化和**

**变现；三是内容的多样性和丰富性，这决定着品牌能否找到最佳的路径融入平台社交活动中，实现精准化、交互式营销。**

从这3个方面来看，美拍显然已经具备了成为视频社交领域营销巨头的条件。

### （1）用户规模上：美拍已成长为一个拥有庞大用户群体的大型社交平台

2015年5月8日，美拍运营一周年时公布的数据显示，平台注册用户规模已达1.4亿人，日活跃用户数为1431万；而随着近期直播带来的用户规模的又一次爆发，2016年5月美拍平台的用户数在2亿以上。

用户方面，美拍用户多为90后、00后群体，他们不仅是视频社交领域最活跃的部分，也是未来最具消费潜力的用户群体。

### （2）用户黏性上：平台的多元互动形式使其拥有更高的用户活跃度和忠诚度

美拍平台中的用户并不满足于单纯地观看短视频内容，更愿意参与对视频内容的讨论，甚至自己创作内容，成为美拍达人，并通过分享精心制作的短视频获得更多社交价值。在增加了直播功能后，美拍不仅为用户提供了更多的社交互动渠道，也丰富了平台内容，并大大弱化了其对微博、微信等其他社交平台在引流方面的依赖性，提升了平台自身的活跃度和留存用户的能力，从而具备了成长为新一代社交化营销平台的潜力。

### （3）内容方面：美拍平台上的内容更加丰富多元，能够满足品牌营销的不同内容诉求

当前，美拍平台上不仅汇聚了众多擅长才艺表演的网络达人，而且越来越多会化妆、懂厨艺、有搞笑或剪辑特长的用户也开始在美拍上展现自己的才华，甚至许多用户成长为拥有百万规模粉丝的网红达人。

这些具有不同才艺或特长的用户达人增强了美拍平台内容的丰富性和多样性，为企业的品牌营销提供了更多内容选择。当前已有一些电商品牌、日化用品、娱乐产品等领域的品牌开始与美拍合作，通过各种直播或话题活动挖掘美拍平台巨大的品牌营销价值。

## 6.1.4 美拍：新型的社交营销平台

既然美拍具有成长为新一代社交化营销平台的潜力，那么对企业来说，又该如何在美拍平台上为自己的产品或品牌做创新性的视频营销呢？对此，美拍达人的成长史或许能给企业的品牌营销提供一些启发。

### 积累粉丝：才华与互动能力是两大关键

虽然网红经济时代“颜值”很重要，但从美拍达人的成长历程可以看出，达人自身的才华和互动能力才是积累粉丝的关键。特别是美拍视频自带的美颜、变声等强大功能，极大弱化了不同用户在外貌和声音上的“颜值”差距，才华成为最关键的核心竞争力。

当前活跃在美拍平台上极具人气的达人们，如图 6-1 所示，无一例外都是在某些方面拥有特长和才艺的人：会搞怪说笑、擅长剪辑配音、能唱会跳、会美妆、懂厨艺等。不论是 80 后、90 后还是 00 后用户，只要在某个方面具有一技之长，就有机会在美拍平台上获得自己的拥趸者，甚至成为具有较大影响力的网红。

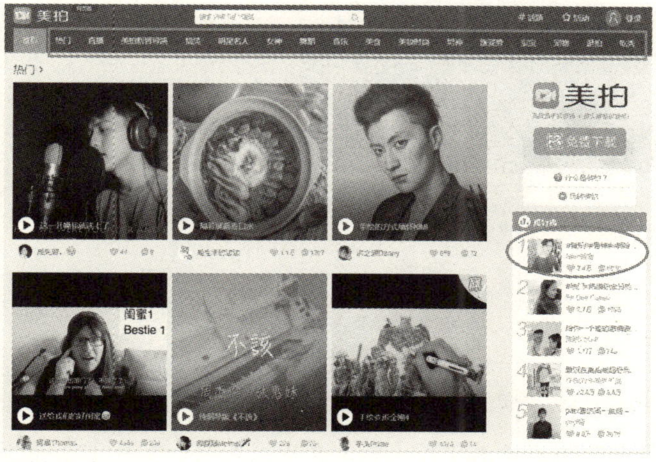


图 6-1 美拍平台

同时，美拍平台上的网红、达人也并非“一夜成名”，而是在与粉丝的持续互动中不断优化、提升自己的才华，逐渐聚合越来越多的粉丝。因此，互动能力也是美拍达人走红的关键，甚至很多时候与粉丝进行有效互动比达人自身的才华更重要。

以 Skm 破音为例（图 6-2）。他虽有“颜值”，但其并不具备专业水平的唱歌能力，特别是在最初上传的唱歌短视频中还经常走音跑调。不过他善于互动，在唱歌前会与用户聊天交流。正是借助这一优势，在短短几个月内便获得了 160 多万的粉丝，成为美拍平台的人气王，以至于后来微博自媒体平台以及一些专业网红孵化公司都主动与他进行长期合作。

图 6-2　Skm 破音的美拍

再如美拍名为“喵大仙带你停药带你菲”的网红“喵大仙”，能够获得 200 多万粉丝青睐的根本原因，并不在于她是一个有着 178cm 高挑身材和美丽外表的美女，而是她能通过自导自演的视频内容和百变的形象经常为粉丝带来“意外”惊喜；同时，借助美拍新增的直播功能与粉丝进行直接深度互动，向粉丝派发各种福利，进一步增强了她持续吸引和留存粉丝的能力。

可以看出，企业要通过美拍视频社交平台获取粉丝，就必须通过长期的深耕运营向用户展现自己独特的“才华”，并与用户保持持续深度的交流沟通，如此才能吸引用户的关注，并在互动中赢得粉丝的认同和青睐。

## 产品营销：提升内容质量是根本法则

以往的视频直播或短视频分享总是与美女秀场联系在一起，甚至当前仍有很多视频直播平台将美女直播作为吸引用户的主打内容。不过，这种博眼球的做法显然无法长久维持。

一方面，随着政府在视频直播领域监管机制的完善，健康、阳光、正能量的内容才是直播平台发展的主要方向，而打“擦边球”的做法将越来越没有生存空间。另一方面，即便通过比较“出位”的做法吸引到了一些关注，但这些用户也只是看热闹的“围观者”，很难将其培养成真正的粉丝，自然也无法实现大规模的流量转化和变现；而且，这类网红的角色定位也限制了自身的发展空间，很难获得与大品牌合作的机会。

与此不同，美拍平台上聚集的多是一些专注内容创作和用户沟通的各类生活达人，他们比拼和吸引粉丝的“武器”不是外貌，而是能为人们创造价值的才华。这些深耕内容、通过真才实学成长起来的美拍达人对粉丝有着很强的影响力和号召力，从而为商业化运作奠定了基础。

美拍名为“香喷喷的小烤鸡”的郑宇轩每周都会在美拍平台上直播两次做菜过程，成功聚合了 55 万粉丝。基于在美食方面对粉丝的巨大影响力，郑宇轩推荐的一款烧烤类工具曾在一天之内销量超过 20 万台，这种粉丝转化和变现能力是很多直播平台上的美女网红难以望其项背的。

微视上成名的网红罗休休，在美拍平台经营一年后便因擅长搞笑聚合了超过 200 万的粉丝，并成功将这些粉丝引流到了自己开设的淘宝店铺中，使店铺上线一个月便荣获了淘宝三蓝冠，销售转化率令人瞩目。

## 品牌营销：与美拍达人合作比自己运营更高效

企业在微博、微信平台的社交化营销主要有两种路径：**一是自己运营微博或微信公众账号，通过粉丝积累和运营提升品牌知名度和影响力，促进产品销售；二是与微博、微信平台上的意见领袖合作，通过这些意见领袖对品牌的信任背书扩大影响力，引导粉丝的消费偏好和行为。**

在以短视频为互动形式的美拍平台上，第一种方式很难复制，因为短视频内容的生产难度更高，而且企业只是通过一个美拍账号推送宣传视频，难以成功得到用户的响应。美拍平台上最佳的品牌营销路径：企业找到契合自身产品或品牌特质的美拍达人，让美拍达人为品牌代言、做信任背书，从而借助这些达人的影响力实现品牌的营销目标。

同时，美拍平台对垂直领域的深耕布局使美拍达人影响的用户群体也具有鲜明的垂直属性，美食、唱歌、跳舞、美妆等各个领域都聚合了众多粉丝、独具特色的达人，这显然对企业提升品牌营销的精准性十分有利。

2016 年 3 月，在唯品会宣布周杰伦出任公司首席惊喜官的品牌活动中，美拍平台的众多达人也在现场与周杰伦一起为唯品会做背书，这无疑证明了美拍达人在品牌营销方面的巨大价值。

随着美拍这类“短视频 + 直播”社交平台的不断涌现和优化成熟，企业的社交化品牌营销路径和形态将更加丰富多元，而美拍等短视频直播社交平台也将成为微博、微信之后品牌营销新的“主战场”。

## 6.2 短视频创业：如何实现商业变现

### 6.2.1 短视频：内容创业的最佳切入点

近年来，发展内容产业的论调持续高涨，以腾讯、阿里巴巴为代表的大企业也都开启了内容战略。在内容经济如此火爆的当下，必须弄清楚的是，内容并非一种新的产业模式，而是在移动互联网时代被激活的一个产业。

PC 互联网和移动互联网在基础商业模式方面有一个共同点：争取用户、控制用户、提供内容和连接服务。其中，在 PC 互联网条件下，内容消费是存在的，但是没有实现产业化，不能盈利。而在移动互联网时代，消费者对内容的需求越来越高，内容生产的门槛却越来越低，在这样的背景下，内容的变现模式越来越多样化，从而形成了产业，并且形势越来越好。

#### 内容创业火爆的原因

首先，以美拍、今日头条、微信公众账号、微博等为代表的内容平台相继开放，正在朝着构建内容创业生态的方向前进；其次，传统的内容生产者正在朝着新媒体内容生产转型；最后，移动 APP、智能硬件、电商等领域的创业机会越来越少。对上述原因进行综合分析之后，人们将创业苗头指向了内容创业领域。

在移动互联网时代的内容创业领域，第一批创业者是自媒体。借助微博、微信等社交平台，以今日头条为代表的客户端创作出了许多内容，很多都大获全胜。第一波创业机会过去了，第二波创业机会隐身于何处呢？papi 酱、罗休休等以短视频火爆起来的现象告诉我们：第二波创业机会就隐身于视频创业之中。

## 视频创业兴起的条件

视频有许多图文没有的优势，如传播更加直观、蕴藏信息更加丰富、阅读成本更低、可实现间断性阅读、在碎片化的消费环境中依然适用等，这些优势都是图文不具备的。那么为什么视频创业到现在才开始火爆呢？

**首先，直到现在，视频消费门槛才得以降低。**随着互联网及相关技术的发展，高清移动设备和大屏移动设备越来越普及，4G 网络和无线网络的覆盖范围越来越广，在很大程度上降低了人们消费视频的门槛。

**其次，可供人们选择的视频内容越来越多。**根据供给带动需求理论，视频消费需求也越来越多。电视节目、网络节目等内容远远不能满足人们的需求，移动设备产生的小视频、视频直播、短视频等内容成为新宠。

**最后，受到视频生产可以盈利的刺激，很多民间高手进入了视频生产领域。**一般来说，民间高手的进入可以看作是内容产业崛起的征兆。在过去，视频是由专业人士生产的，这类人的数量较少，所生产出来的视频数量也较少，不足以形成规模；而现在，视频生产的主体扩展到了草根领域，视频生产从 PGC 时代跨入了 UGC 时代，视频产业被激活，视频创业热潮被点燃。

## 短视频是视频创业最大的机会

根据时间的长短，视频可以分为两种类型（图 6-3），一种是短视频，一种是长视频。无论是哪种类型，都是有市场、有需求的。但是从创业的角度来看，短视频成功的概率比长视频要大。

从生产角度来看，长视频采用的是 PGC 模式，工作室的制作比较专业，门槛比较高，创作的成本也比较高，限制了很多人的进入。而短视频则不然，几乎人人都可以制作，而且制作成本比较低，吸引了很多草根群体的加盟。

从消费角度来看，长视频的消费过程持续的时间比较长，与现代消费者的碎片化消费习惯不符。所以，相较于短视频，长视频的传播性不强，而短视频在适应消费者碎片化消费习惯方面却独有优势。

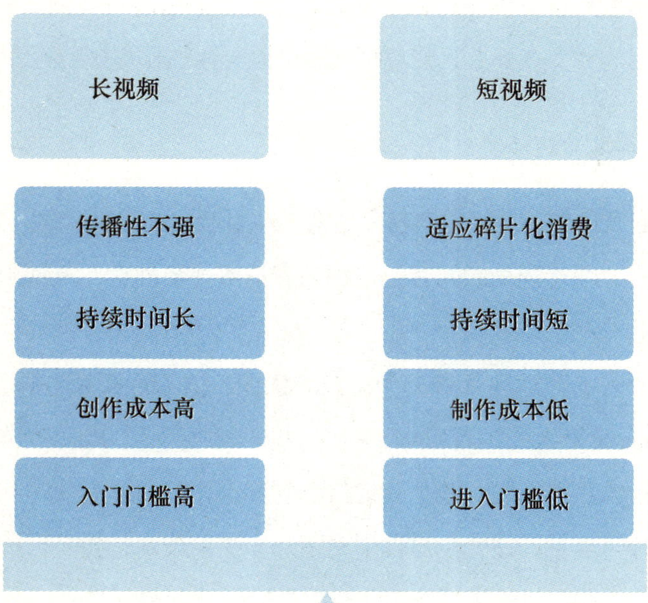


图 6-3　长视频 vs 短视频

但是短视频是不是越短越好呢？显然不是的。微博取消了 140 字的发文限制就表明其对几百上千字的图文内容有了新的认识。文字太短容易表意不明，视频也是如此。短视频如果太短，就会成为几秒钟的 gif，很难表达出什么内容。一般来说，短视频的长度在几十秒至几分钟是最好的。总之，在消费层面上，短视频在适应消费者消费习惯方面比长视频更有优势，创业成功的概率更大。

## 6.2.2　短视频创业的挑战在哪里

papi 酱在美拍上火起来了之后，就开通了微博和微信，将其内容分享到了微信和微博上。一个内容多处投放，这种战略跟自媒体非常相似：从某一个平台开始，借助全平台成功。在 papi 酱等人一夜爆红之后，很多对成名有想法的人都瞄准了短视频平台，想要投入到短视频创业。

但是，短视频创业不是那么容易的，创业者们不能只看到 papi 酱的成功，而忽略她背后的努力。那么，究竟短视频创业会面临哪些挑战呢？

### 短视频比图文自媒体更难做

在图文自媒体中，大部分内容都是将某件事情叙述出来，做出相应的评论，表达给观众看，回答观众的问题。这种内容是不需要创意、策划的，而短视频则不然。

目前，众人都对短视频有一个错误的认识，认为短视频等同于搞笑段子。但其实在 papi 酱等人的短视频中，搞笑只是一种手段，其成功的主要原因还是善于挖掘社会热点话题，敢于表达自己的观点，以引发观众的共鸣，从而获得观众的追捧。当然，在整个过程中离不开一些新技术，如变声技术、互联网传播技术等。由此可见，短视频创业成功是需要策划和创意的。

在美拍这个短视频平台上，凭借搞笑成功的例子少之又少。搞笑不是所有人都具备的才能，而是一种天分。而在其他领域，成功的大有人在，如化妆领域的嫣儿、恋珊妮等；唱歌领域的 Skm 破音、pianoman- 苏阳等；甚至张福鑫 Connie 凭借直播吃饭都能收获 27 万多的粉丝。由此可见，搞笑并不是短视频创业成功的捷径，创意才是关键。

所以，相较于图文自媒体，短视频策划是比较难的。

### 短视频持续输出比较困难

无论做什么，持续性都是成功的一大关键。举个例子，假设 papi 酱拍了一个视频一夜爆红，之后就再也没有视频内容更新了，如果是这样，papi 酱估计也只能红一段时间而已。所以，无论做什么事情，开始很容易，坚持很难。短视频制作也是如此，制作一个优质的短视频容易，连续制作多个优质的短视频则是一件难事。

为此，要想实现短视频的持续输出，就要对其进行精确的定位，充分调动自己的策划能力和制作能力，连续不断地制作出优质的短视频。还要对短视频的成功有深入的认识，例如，要清醒地认识到 papi 酱的爆红不是偶然的，她出自导演专业，在自编自导视频方面本就有优势，并且在爆红之后还在坚持更新视频内容，从而在观众的心目中形成了持久记忆，获得了成功。

## 短视频内容需具有人格特征

很多成功的自媒体都有一个显著的特征——具有鲜明的人格特征，哪怕这个自媒体是团队运作的。**将自媒体赋予了人格特征之后，就会吸引很多粉丝，受到粉丝的追捧。**例如，以娱乐八卦为主要内容的“关爱成长八卦协会”和以时尚评论为主要内容的“石榴婆报告”，这些自媒体都极具个性，其粉丝数量极多。

从自媒体到短视频，人格特征这一点是相通的。以 papi 酱为例，其鲜明的人格特征就是美貌与智慧的结合体。一开始，人们可能是被其美貌所吸引，但是久而久之，人们就会被其才华和智慧所折服。做集美貌与才华于一身的人，这是 papi 酱鲜明的个性特征，也是对自身的定位。

目前，在短视频领域有一些微信大号，这些微信号以转载为生，其主要任务就是刷阅读量。阅读量上去了，但是因为没有形成个人品牌，也没有取得多大的成功。因此，创业者们必须注意短视频的人格特征。因为视频是由声音、图像组成的，这些对观众的影响比文字要直接得多。即便你不出现在短视频中，你的声音也会出现，这些都能体现出你的个性特征，对成功的影响甚为关键。

## 短视频分发能力是重大考验

凡是内容创业，无一例外都会经历两个阶段：**第一阶段是内容市场阶段；第二阶段是平台市场阶段。**第一阶段的内容比较稀少，一些优质内容会引来平台的竞争；第二阶段的内容过多，如果不新颖就很难脱颖而出。在这个阶段，内容要想出新，除了要注重视频本身的质量以外，内容的分发能力也非常重要。只有内容分发能力强，才能被传播到更多的用户手中。

papi 酱对这一点有着非常清醒的认识，在一夜成名之后，迅速开设了微博、微信等平台，进行分发。凭借 papi 酱火爆的热潮，微信收获粉丝十几万，微博收获粉丝达千万，优酷的每期平均阅读量为几十万。由此可见，短视频分发的力量是巨大的。

### 商业化应该会比预期的更加容易

就目前的形势来说，与自媒体创业一样，短视频在创业初期不用考虑如何赚钱这个问题。而当你的短视频火爆起来之后，资金就会随之而来。其实很多自媒体出现的目的最初也不是为了赚钱，只是创业者们受到兴趣的驱使做出的一种尝试。这个尝试成功了，资金自然就来了。

因此，短视频创业也要学习自媒体的这种精神，不要急于求成。况且，短视频和现下流行的粉丝经济、IP 经济、视频广告和打赏模式都能联系起来，其发展前景非常乐观。

虽然近年来短视频创业的门槛提高了，但是其成功的概率还是很大的。因为目前短视频内容的消费市场有所发展，相较长视频其生产门槛又低了很多，竞争程度又没有图文市场那么激烈。所以从理论上来讲，短视频创业成功的概率是比较大的。但是从实际情况来看，在每一次创业潮中，陪跑的人往往比主跑的人多，短视频也是如此。

## 6.2.3 papi 酱：短视频时代的网红经济

2015 年，“集才华与美貌于一身的女子”的 papi 酱，通过在微博平台上传的一系列搞笑短视频，短短半年内迅速积累起 700 万微博粉丝和过千万的微信公众号粉丝。2016 年年初，“papi 酱”已成为一个现象级的热搜词汇，被视为短视频社交领域中一匹“黑马”。

而 2016 年 3 月 papi 酱成功获得真格基金、罗辑思维、光源资本和星图资本的 1200 万元融资并被估值过亿，更是将其推向了风口浪尖，也引发了各方对短视频风口下网红经济发展新路径的关注和思考。

谈起网红，人们首先想到的是那些有着姣好身材、美丽容颜并善于自我营销的美女。然而，并不符合这些特质却成为网红的 papi 酱，又是凭借什么走红的呢？

被誉为“21 世纪的彼得 · 德鲁克”的英国学者马尔科姆 · 格拉德威尔[1]在其名著《引爆点》(*The Tipping Point*) 一书中曾提出“附着力法则”，认为那些容易被注意和记忆的信息更容易获得广泛传播甚至成为流行。

以此分析 papi 酱爆红的原因可以发现，这个衣着朴素的网红其实始终都在围绕日常生活的痛点和热点进行视频内容的创作，并以戏谑、自黑、搞笑的方式将普通大众想要表达却无法表达的内容呈现出来，从而成为短视频社交时代的意见领袖。例如,“七大姑八大姨逼婚盘问”“双 11 购物狂欢”“微信公开课”“情人节送女朋友什么礼物”等，都是人们十分关注的内容，自然也会引起广大网民的观看和分享。

从传播学的角度分析，可以将国内网红的发展概括为从“审丑”到“审美”再到“审奇”。以“芙蓉姐姐”“凤姐”为代表的第一代网红，不论是在校园里的扭捏作态，还是以“非正常”言论博取眼球，其实都是通过对社会主流价值的越轨和反叛激发大众的猎奇心理，从而使自己进入大众视野。随着人们“审丑”、猎奇欲望的消退，姣好的身材、美丽的容貌、奢侈的生活展示成为第二代网红的典型标志，也意味着社会大众从“审丑”转向“审美”。之后，随着短视频产业的爆发，通过更生动、更专业、更交互的短视频内容满足大众“审奇”心理和情绪发泄诉求，能够引起人们情感共鸣和价值认同的 papi 酱成为

1 马尔科姆 · 格拉德威尔 (Malcolm T.Gladwell)，英裔加拿大人，身兼记者、畅销书作者和演讲家，“加拿大总督功勋奖”获得者。

新一代网红的代表。

随着各方关注度的不断增加，如何挖掘自身作为意见领袖的衍生价值、实现粉丝流量和注意力的成功变现，如何创新“网红＋电商”的商业路径、拓展更大的价值想象空间，等等，成为获得千万融资后papi酱和资本方需要考虑的重要内容。

2016年4月21日在北京举行的罗辑思维与papi酱视频广告贴片招标会，就聚集了近百家企业参与，并以2200万的高价卖出了首标；同时，此次发布会的另一个特点是参与者需要支付8000元的入场费用。

虽然papi酱的广告招标会大获成功，广告也不是网红变现的唯一路径，但凭借短视频内容走红的papi酱要真正实现商业化、构建具有可持续盈利能力的变现模式，也绝非易事。特别是与以前网红“先产品化再商业化”的运作流程不同，papi酱并没有进行稳定的产品化改造，如何将自身打造成IP品牌并构建竞争壁垒？将成为其实现长远发展的关键问题。

### 6.2.4 “短视频＋网红经济”的变现思路

从papi酱赖以成名的短视频内容来看，当大众对这种原创喜剧脱口秀类短视频出现审美疲劳时，这一类型的网红经济必须面临着持续变现的难题。具体来看，papi酱所代表的短视频网红经济的商业化变现需要突破以下问题。

#### 能否成就自身的IP资源品牌

**资本对网红的青睐，本质上是看好网红塑造的IP资源品牌及其带来的价值想象空间。**然而，papi酱的短视频内容其实并不是严格意义上的UGC，很难保证内容具有持续稳定的变现价值，特别是当受众逐渐对这类内容产生审美疲劳时更是如此。从这个角度来看，papi酱将自身打造成具有可持续的价值创造能力的IP品牌绝非易事。

从实际发展来看，很多网红由于不具备持续性的内容原创能力，在受众度过猎奇体验阶段、出现审美疲劳时便被迅速“抛弃”，或者彼此间抱团取暖、通过优势互补和集体协同解决原创力方面的不足。特别是个人化 IP 在内容创新创造方面的成长空间十分有限，反而更期待平台化转向，希望借助平台生态的力量实现可持续营收。

网红的平台化必然会弱化甚至消解个人 IP 用以吸引和留存受众的个性化特色，从而“泯然于众人”，丧失对粉丝的吸引力。例如，papi 酱受到热捧的很重要一点便是以草根性、大众化的视角和幽默搞笑的形式自下而上地对人们关注的热点吐槽评论，如果她放弃了这种个人特色，转而以自上而下的方式去呈现内容，就等于放弃了自身的核心竞争力，很难在竞争激烈的泛娱乐化市场中吸引到大众的关注。

**传统媒体将媒介看作工具，要求的是可控制、可预测的标准化流程；个人网红 IP 视媒介为渠道，强调的是能引起受众共鸣的个性化展示，两者的协同并不容易。**如何在平台化的同时保持个性特色，是以 papi 酱为代表的网红打造自身 IP 品牌、实现商业化过程中需要慎重考虑的难题。

## 网络围观如何转化为社群经济

经过近几年的发展，网红经济已经探索出比较成熟的商业化路径：“内容 + 社群 + 电商”。网红首先通过创新、优质的内容聚合起足量受众，然后搭建一个可以深度、持续交互的社群平台，再通过社群电商或其他导流模式实现粉丝变现。

如游戏直播平台上的主播网红，除了平台提供的虚拟装备产品，主播还可以将自己喜欢的零食或其他商品推荐给粉丝，实现流量变现。因为对粉丝来说，游戏直播场景下的零食被赋予一种情感连接和群体归属的价值——“我和主播喜欢吃同样的零食，是同类人。”

同样，papi 酱从草根、大众维度创作的视频内容引发了人们的共鸣，使受众对她产生一种情感投射和认同。因此 papi 酱商业化过程中面临的问题是，如何将这种临时性的“网络围观者”转变成更具互动性、活跃度和忠诚度的社群，从而建立起受众与自身品牌的信任与情感连接，通过社群经济拓展商业化的想象空间。

作为互联网时代的创新商业形态，社群经济已经展现出了巨大的价值创造能力。不论是以 Airbnb[1]、Uber[2] 代表的共享经济，以小米、roseonly 代表的粉丝经济，还是团购、众筹等 C2B 商业模式，都内嵌着社群经济的价值理念和运作逻辑。对 papi 酱这类短视频网红而言，只有通过社群的搭建运营将“围观者”转变成社群的忠诚粉丝，并不断为受众带来更多创新价值，才能使自身的商业化之路具备坚实的基础。

## 如何构建壁垒，并产生可持续性生产力

在国内版权意识缺乏、版权保护机制尚未有效建立起来的情况下，要在互联网这个极具开放共享性的平台上构建内容壁垒是十分困难的。任何受欢迎的内容一经出现，网上立马就会出现成百上千的模仿者，从而分流了原创内容的注意力资源。

就 papi 酱来看，由于其本身的短视频内容就不是严格意义上的原创，因此这类内容的准入门槛、模仿成本等近乎于零。这将导致 papi 酱面临着一个严峻的挑战：**如何建立自身内容的壁垒，在愈发激烈的短视频网红市场竞争中继续吸引和黏住受众注意力，从而为商业化之路提供有力的流量支撑？**

从马斯洛的需求层次理论来看，papi 酱这类短视频网红受到热捧反映了人们对互联网化社交的深度需求，是短视频社交与网红经济融合的化学反应。虽然 papi 酱的火爆很大程度上得益于短视频风口下大众对“无聊经济”的消费

1 Airbnb 是一家联系旅游人士和家有空房出租的房主的服务网站，它可以为用户提供多样的住宿信息。

2 Uber 是一家美国硅谷的科技公司，因旗下同名打车 APP 而名声大噪。

和对社会奇观的关注，但其超强的商业变现能力具有很强的个案特点，不一定会形成可持续的变现模式。

但是，我们仍可以从网红经济更加成熟繁荣的发达国家中发现网红持续变现的几种有效路径。

（1）以植入方式进行软文推广

国外时尚行业常利用对粉丝消费具有较强引导和影响作用的网红进行产品的宣传，而网红借此也能够获得不菲的收益。如网红秀出一套某品牌的服饰产品就可能获得相当于普通人几个月收入的报酬等。

（2）网红代言线下产品

线上成名的网红走到线下做产品代言，也是变现的一种方式。如在国外社交网站备受追捧的时尚博主 Margaret Zhang，不仅受邀与模特米兰达 • 可儿一起为世界首屈一指的水晶制造商施华洛世奇（Swarovski）拍广告，还为全球著名轻奢品牌芙拉（Furla）拍摄广告大片，并代言护肤品牌倩碧（Clinique）。这些线下广告和代言都为其创造了十分可观的收益。

（3）直接推出自己的品牌

这方面的代表是被称为“韩国彩妆大师”的视频网红 Pony。Pony 最初因为在网络视频中与人们分享化妆技巧而获得了一大批拥趸者，随后推出了以自己名字命名的彩妆品牌，并借助庞大的粉丝流量和自身在彩妆领域的影响力大获成功。

**短视频网红经济的关键在于实现了眼球经济与实体经济的成功对接，前者负责吸引和留存粉丝，后者负责将可以创造效益的商品合理嵌入网红个人特质和形象展示中，通过网红的引导和影响实现流量变现。**

网红经济是互联网商业生态的重要内容，已成为备受粉丝和资本青睐的商业模式，并随着互联网的深度发展优化而不断创新。对于 papi 酱这类短视频网红的商业化，不论是植入软文、线下广告代言还是打造自己的 IP 资源品牌，都不应被短期的商业利益捆绑，而要坚持互联网用户思维的运作逻辑，注重保持甚至增强自身的独特性与核心价值，不断为粉丝创造更多的意外“惊喜”，只有这样才能为自身商业化运作提供坚实的基础和支撑。

## 6.3 短视频营销：释放短视频平台的营销潜能

### 6.3.1 碎片化时代的营销新蓝海

随着美拍、今日头条、微博等短视频领域各路玩家布局的不断深入，短视频在国内市场呈现出蓬勃发展之势，短视频用户规模更是迎来爆发式增长，公布的数据显示，今日头条观看短视频的用户日均高达 5000 万人。

在智能手机及移动互联网的驱动下，短视频在我们生活及工作中扮演的角色愈发关键，从文本、图片、音乐、视频几种常见的内容形式来看，视频所传递的信息量及感染力具有明显优势，而和电影、电视剧、动漫等视频作品相比，短视频能够获取更多的用户碎片化时间。

2012 年，被称为“网络女皇”的著名华尔街证券分析师玛丽 · 米克尔[1]（Mary Meeker）发布的互联网发展报告中将社交巨头 Facebook 上市作为移动拐点，她表示，未来移动端将会成为获取用户流量及释放广告价值的核心渠道。

近两年，用户流量向移动端转移的趋势十分明显，企业花费在传统媒体中的营销预算大幅度削减，电视台、报社、杂志社等传统媒体机构的优秀人才大量流失。根据业内统计机构发布的统计数据显示，2014 年国内年轻群体中每天观看广播电视的用户比例仅有 35%，而每天通过智能手机、Pad、笔记本电

1 玛丽 · 米克尔，1958 年 9 月出生于美国印第安纳州，波特兰市。著名的华尔街证券分析师和投资银行家。

脑等移动终端观看网络视频的用户比例却超过了 50%。

内容载体经历了纸媒、收音机、影碟机、电视、PC 电脑、智能手机的转变，也对应了文本、图片、报纸、唱片、DVD、在线视频的变革。在移动互联网时代，短视频的发展迎来了前所未有的重大机遇。

便捷的无线 Wi-Fi 及智能手机的推广普及使用户消费视频内容的成本大幅度降低，在排队、坐公交等场景中，拿出手机观看一段短视频成为普遍现象。在短视频内容的制作方面，只需要一部智能手机，即便没有专业技术的普通大众也可以完成视频拍摄、加工、上传等各个流程。

由于视频具备极高的场景还原能力，使其在各种各样的碎片化场景中得到广泛应用，并逐渐积累了一批具备极高黏性的忠实用户。

进入 2016 年以来，短视频内容增长尤为迅猛，用户流量向短视频平台大规模转移。据公布的数据，今日头条中的头条视频日均播放量高达 10 亿次，日均总播放时长超过 2800 万小时。

短视频成为互联网时代主流信息传播载体的时代将要来临，在短视频平台纷纷追求价值变现的背景下，其拥有的海量营销价值也将得到充分释放。

### 6.3.2 原生营销："短视频 + 广告"模式

内容载体的变革也意味着营销渠道将更为多元化，广告主拥有的营销想象空间将更为广阔。成功的广告营销能够使企业的产品或品牌不知不觉地在消费者心中留下深刻印象，进而在激烈的同质化竞争中成功突围。传统视频广告的最大问题在于，它通常以前置及后置贴片的形式被强加在视频开头及结尾，人们会明显感知它是一种广告，进而对其产生抵触情绪。

而短视频则能够将广告与视频内容结合起来，从而潜移默化地影响用户的消费决策。要将广告制作为有价值的信息，未来可以通过内容原生、形式原生及技术驱动 3 个方面来实现这一目标，如图 6-4 所示。

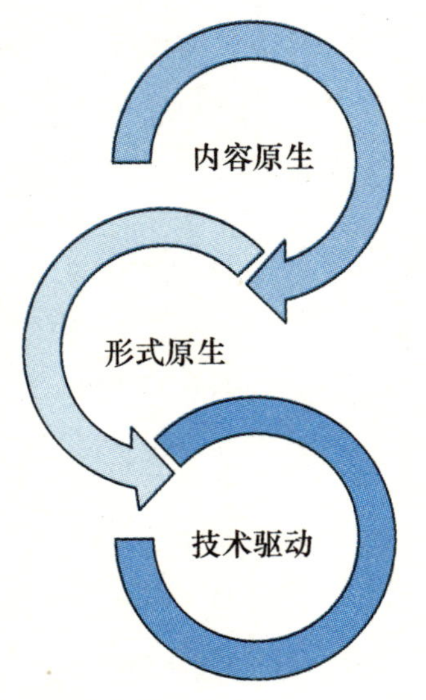


图 6-4 使广告制作有价值的 3 种途径

## 内容原生

短视频营销过程中将广告信息转化为短视频内容是很有必要的。短视频本身具有的碎片化、轻量化特征，能使生产成本可以得到有效控制。所以对广告主来说，将广告做成短视频具有极高的可操作性，而且往往能够取得良好的营销效果。

传统广告营销中，即便是植入电视剧、电影及综艺节目的软性广告，受众对其接受程度也不高。在国内十分流行的某些综艺节目中，节目主持人及嘉宾身边充斥着大量的产品及品牌信息，时不时插播广告的行为更是让用户反感，长此以往，用户不但不会认可这些产品或品牌，反而会对其产生较为严重的负面印象。

一项海外数据研究机构发布的数据显示，人们通常在视频广告中的停留时间不会超过 10 秒，但那些内容优质、具备较强的参与性及互动性的视频往往可以将用户的关注时长提升至 30 秒以上，从而大幅提升广告主的营销转化率。

在 Facebook 上被广大网民疯狂转载的“唐恩都乐超级碗广告”是内容原生的典型代表。在橄榄球超级碗比赛中场休息时，唐恩都乐将其精心制作的短视频广告展现在广大观众面前，该广告生动形象地展示了“咖啡队”打败“奶昔队”的过程，用一段趣味性极强的短视频展示了一场简短的橄榄球比赛。该视频在 Facebook、Twitter 等社交媒体平台中被大量转发，为唐恩都乐带来了极高的曝光度。

内容原生之所以能够产生如此之强的传播效果，关键就在于其并非通过植入广告来实现营销目的，而是围绕广告主的产品及品牌创造优质内容，从而为用户创造价值。

### 形式原生

形式原生的意义在于打破广告与内容之间的边界，在技术层面上将内容变为现实。

**本质上看，内容原生是让广告与内容产生较强的连接关系，而形式原生则是将广告的形式转变为内容的形式，借助于对观影环境及氛围的影响，使广告与内容有较高的契合度，不会被用户轻易发现。**

在传统媒体主导的年代，广告主只能花费巨额的资金争抢有限的广告位资源，而最终的营销效果也很难被有效监测。进入互联网时代后，以内容免费为噱头的网站则开始大量增加贴片广告、弹窗广告等，在追求利润的路上早已将用户体验所遗忘。

此外，广告同质化现象十分明显。由于缺乏创新能力或者是为了节约时间成本，许多营销人员往往会直接抄袭他人的广告创意，这使得用户产生了严重的视觉疲劳。在发现自己观看的视频作品中植入了广告片段时，能够快进的，用户会直接快进；而不能快进的，用户就会拿起手机或打开网页来消耗掉这段

“垃圾”时间。

**信息流广告是较为典型的形式原生，它实现了广告与信息的完美融合，从而极大地提升用户的认可度。**除了信息流广告外，今日头条还为广告主提供了开屏广告及详情页广告，在为广告主实现营销目的的同时，还有效提升了用户体验。

形式原生可以让广告更加快捷高效地获取用户的关注，它就像善于根据环境变化而改变自身颜色的“变色龙”一般，能够和用户的观影环境高度融合，从而更容易被消费者认可，并获取较高的用户转化率。

### 技术驱动

技术驱动的目标是为了实现意图原生，借助高科技技术对目标群体进行精准定位，并实现定制化营销推广。

**短视频平台要想在合理的场景中向用户推送其感兴趣的内容，必须要实现高效精准的分发。**而海量的数据搜集、分析及应用能力则是短视频平台能够实现精准分发的关键所在。在互联网信息发布领域，技术在竞争中所发挥的作用愈发关键，技术优势能让企业精准掌握用户需求，从而让平台推荐的内容更容易被用户接受。

以美拍、今日头条为代表的短视频平台拥有庞大的用户流量，它们并不缺少广告主资源，关键在于如何挖掘用户价值。**借助大数据分析、云计算等高新技术对用户需求进行挖掘，进而与广告主相匹配才是短视频平台发展壮大的终极之道。**因为用户资源是一种能够长期持续创造价值的宝贵资产，广告主会因为用户聚集而与平台合作，但反之并不成立。

在技术驱动方面，今日头条将自身在图文资讯运营过程中积累的技术优势应用至短视频内容需求分析、推荐算法、营销监测等多个领域，逐渐筑起了短视频营销的技术门槛。这种借助技术驱动分析用户需求，进而完成价值变现的发展模式，有望为释放互联网中 80% 的长尾流量的价值提供一条更为清晰的路径。

### 6.3.3 构建短视频营销生态体系

包括 Facebook、Twitter 在内的多家海外互联网巨头都开始将短视频营销作为未来广告业务布局的重点内容。Facebook 致力于通过对网站页面布局、功能的优化，有效提升短视频广告与平台的契合度，以便为用户带来更好的观影体验。

更为关键的是，目前国内的短视频原生广告正处于模式红利期，随着短视频用户的迅猛增长而释放出巨大的价值。

腾讯开发的社交广告平台“广点通”，2014 年，处于爆发式增长期的微信公众号上线广点通广告，凭借低成本、高转化率的优势吸引了大量广告主。根据业内人士给出的数据显示，2015 年尚处于红利期的广点通流量成本为 40 ～ 50 元 / 人，但到了 2016 年这一数字迅速增长至 100 元 / 人。

随着产品及服务更新换代速度的不断加快，一种新模式所带来的红利期越来越短。广大短视频平台需要通过打造短视频营销生态体系，引导用户主动参与营销推广，从而抓住这一转瞬即逝的发展机遇。

为了让广告主对营销结果进行有效监测，并帮助短视频平台对营销方案进行调整，在实践中，短视频平台可以从以下两个方面进行尝试。

**（1）用户主动：效果评估体系新参数**

以今日头条为例，其提出的“POE 移动视频广告效果价值体系模型”，将通过曝光、转化对用户主动行为进行监测。而将移动视频广告产生的用户主动行为这一全新的评估参数纳入评估体系，可以为建立更为完善的短视频营销生态提供重要支撑。

**（2）直观体现移动化特征所带来的传播影响**

技术的突破不仅代表着分发渠道及模式发生重大变革，也意味着营销评估体系发生了重大转变。在短视频营销市场甚至是整个营销市场，用户主动行为数据都是考核营销价值的关键所在。在自媒体崛起的年代，单向信息流动所产生的营销效果大幅度降低，传统媒体采用的那种简单粗暴的营销策略已经不再适用。

以央视为例，虽然在央视中做广告能够取得极大的曝光度，但其所产生的营销效果却很难监测，而通过引入扫描二维码、微博转发等用户主动行为监测则能够很好地解决这一问题，短视频平台也是这个道理。

而为了构建短视频营销生态，短视频平台必须要做好以下4个方面：

首先，在内容生产方面，短视频平台需要借助UGC、PGC模式创造出优质的原生内容；

其次，在内容分发方面，对分发模式及渠道进行创新；

再次，在内容消费方面，借助大数据分析及云计算技术对用户需求进行精准定位，通过定制化营销提升用户服务体验及营销转化率；

最后，在营销评估方面，在考核曝光量、转化率等基本指标的同时，引入用户主动行为评估指标。

### 6.3.4 今日头条[1]：短视频的广告营销路径

作为一家在激烈竞争中成功突围的信息发布平台，今日头条（图6-5）在盈利模式的探索方面一直未曾停止，在广告营销方面，今日头条推出了其商业化品牌“数・聚・化”，意欲通过大数据算法将广告变为有价值的资讯。2016年奥运期间，今日头条也启动了“百人百天奥运计划”尝试释放内容价值。但今日头条的商业化探索绝不仅限于此，存在巨大潜在价值的短视频成为其下一阶段将要探索的重点领域。

1 今日头条是一款基于数据挖掘的推荐引擎产品，它为用户推荐有价值的、个性化的信息，提供连接人与信息的新型服务，是国内移动互联网领域成长最快的产品服务之一。

2016 年 8 月 31 日，今日头条在京举办 2016 年度视频商业产品——“明日视界”主题推介会，包括首屏视界、视频联动、兴趣速递、优选视频、“视 +”信息流在内的 5 款移动视频商业产品正式亮相，未来将为广大品牌商提供完善的头条视频营销服务解决方案。

与传统的视频营销相比，今日头条在内容生产、渠道分发、消费及营销结果评估方面进行了创新，借助内容原生、意图原生、形式原生及主动行为评估构建了移动短视频营销新生态，从而为品牌商进行高效精准的广告营销。

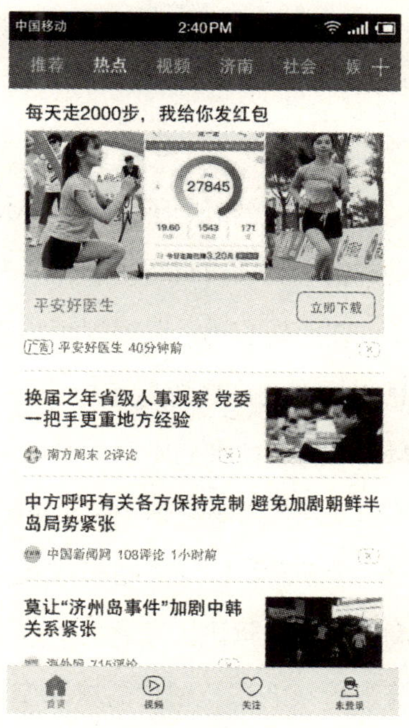

图 6-5 今日头条 APP

## 短视频广告营销将成广告投放新蓝海

Talkingdata（北京腾云天下科技有限公司）发布的《2015 移动视频应用行业报告》中显示，移动视频应用用户规模高达 8.79 亿人，约占移动互联网用户总数的 77.25%，其中短视频以同比增幅高达 401.3% 问鼎移动视频应用增幅排行榜榜首。

由于以智能手机为代表的视频生产设备的普及推广，视频生产不再只是专业人员才能完成的事情。**无处不在的移动互联网为人们在各种碎片化场景中消费短视频内容提供了有效途径，越来越多的营销人员开始用更为生动形象的视频广告来取代枯燥乏味的图文广告。**虽然从长期来看，视频并不会取代文本、图片等其他内容形式，但由于其在信息规模及场景还原方面的优势，在未来相当长一段时间内会成为移动营销的主流方式之一。

和视频贴片广告不同，短视频广告可以将符合用户需求的原生内容植入视频中，从而有效提升用户的认可度，产生强大的话题效应，吸引广大用户主动传播、分享。

国际顶级市场研究机构 eMarketer 发布的数据显示，预计 2016 年，中国移动广告市场规模有望突破千亿美元大关，同比增长高达 38%。

在海外市场，以短视频为传播载体，具备海量用户流量、大数据算法及信息流技术的广告服务平台受到了广告主的一致青睐。在线视频广告科技公司 Mixpo 经过调查后发现，2015 年美国广告主中，有 31.1% 的广告主在 YouTube 平台上投放过短视频广告，而在 Facebook 上这一数字高达 50.2%。

全新营销模式的崛起，随之而来的是巨大的模式红利，曾经搭上百度竞价、淘宝推广及腾讯广点通“列车”的各路玩家都获得了较高的回报，而如今由于监管政策调整及用户需求的变化，这些营销服务平台已经很难取得预期效果，而短视频广告则仍处于红利期。

## 原生化形式广告即内容

作为国内顶级的信息发布平台，早在 2012 年，今日头条就开始投入巨大资源使广大用户更为高效精准地获取有价值的内容。借助大数据分析与推荐引擎技术，今日头条可以帮助用户获取自身感兴趣的内容。

根据今日头条公布的数据，截至 2016 年 8 月，今日头条累计注册用户高达 5.3 亿人，移动端日均活跃用户达到 5500 万人以上，每日新增头条视频数量达到 3 万个，头条视频日播放时长达到 2800 万小时，日播放次数高达 10 亿次。

借助自身拥有的海量用户流量及短视频资源，今日头条除了通过开屏广告、信息流广告等传统手段释放营销价值外，还通过自身积累的技术优势进一步推出优选视频、兴趣速递、视频联动等 5 种视频营销产品，从而为广告主提供完善的短视频营销服务解决方案，如图 6-6 所示。

**相比贴片视频，人们对于植入视频内容的抵触情绪要小得多，而且即便是广告信息，在经过一系列的优化、调整后，同样可以为用户创造信息价值。**今日头条推出的以内容、形式、意图为代表的原生视频营销产品不但不会对用户服务体验产生较大影响，还能帮助广告主进行营销推广。

图 6-6　今日头条广告示例

今日头条的头条视频的推送方式和 YouTube 相似，都是采用算法推荐机制将短视频内容与用户群体进行精准匹配，从而使用户在观看符合自己兴趣爱好的视频内容的同时，也为广告主进行了高效精准的营销推广。

今日头条后台系统推荐给每个用户的头条视频都是不同的，这也代表着每个人被接触到的广告存在一定的差异，这和大部分互联网平台所采用的广告推荐位机制有着巨大的差异，从而为广告主的营销推广提供了更为广阔的想象空间。

近年来，移动互联网及智能手机的快速崛起，各种细分领域的 APP 产品层出不穷，凭借着与 APP 产品极高的契合度，短视频广告的营销价值被越来越多的商家认可。

## 头条视频广告精准投放可监测

以前，由于用户流量有限、数据资源匮乏，即便是广告主在各大互联网平台上投放广告也很难取得预期效果，更为关键的是，广告主在网络平台中投入巨大广告资源后，却没有有效的监测手段对营销效果进行考核，只能被迫接受广告商按时间付费的要求。而今日头条可以做到对广告内容的曝光量进行精准监测，其头条视频广告采用了 CPM（千次曝光）付费模式。

在互联网时代，用户能够与短视频广告主动互动，无疑是决定营销效果的核心因素之一。今日头条将曝光量、转化率及用户主动互动行为纳入营销考核体系中来，在考核常规投放营销价值的同时，更对用户主动互动所产生的营销增量价值进行评估，最终可以让广告主精准掌握短视频广告所产生的营销效果。

# 第 7 章

## 微电影传播：视商时代商业与文化的融合

# 7.1 微电影模式：商业与传播的深度融合

## 7.1.1 微电影的传播模式与特点

随着媒体技术的革新，内容形式不断丰富，微电影近年来迅速崛起，因承载着文化传播的历史使命，逐渐受到媒体及相关行业的重视。为了深入了解微电影蕴含的商业价值，把握该领域今后的发展趋势，在这里梳理一下微电影的传播特性及其营销特性。

如今的市场上涌现出多元化的内容形式，微信、微博就是典型代表。与此同时，微电影也以迅猛的发展姿态出现在市场上，作为推动“微文化”发展的重要力量，微电影越来越多地出现在业内人士的话题中。在微电影发展过程中，广告发挥着重要的推动作用。许多经营者将广告与电影形式结合起来，构造精彩的情节，借助新媒体进行推广，于是微电影作为一种营销手段被人们认识。

### 微电影的“微”特点

微电影无论是在内容、时长，还是在成本消耗方面，都存在共性，集中体现了微电影的“微”特性。一定程度上来说，这种“微”特性更有利于传播，因而，越来越多的经营者开始采用微电影营销方式。

传统电影的时长大都维持在 90 分钟以上，相比之下，微电影显得非常简短，有很多作品甚至不到 1 分钟，大部分不会多于 1 个小时。但微电影同样具有完整的故事情节及内容呈现，可通过 4G 手机传播，也能够在网络视频平台、移动电视、楼宇广告屏幕等各个途径进行播放。

如今，用户时间的碎片化特征越来越明显，“微电影”更适合用户在分散时间段内浏览，如上班途中的地铁上、等餐时、睡前等。在成本消耗方面，微电影无须像传统电影那样耗资几百万元乃至上亿元，这也促进了微电影的迅速发展。

## 可通过多元化渠道推广

移动互联网的持续发展和智能手机的普遍应用为微电影的推广带来诸多便利。随着人们工作及生活节奏的加快，加上每天处在海量信息的包围之中，用户的精力趋于分散化，在同一款应用或特定内容上停留的时间比较短暂。

此外，移动互联网使人们的信息浏览及发布突破了时空的限制，用户的时间及精力更加分散。这种情况下，微电影的“微”特性更符合人们在短时间内完成信息接收的需求，运营方也可通过多元化渠道输出微电影，特别是智能手机的普遍应用，方便用户随时随地进行下载与收看。

## 具备更多商业基因

微电影与广告的结合使其具备了更多的商业基因。企业经营者将自身品牌信息、产品及服务内容植入微电影的剧情呈现过程中，更容易使消费者接受及认可自己的品牌，进而激发用户的情感共鸣，扩大品牌覆盖面，培养自己的粉丝用户。

举例来说，经国家工商总局批准、中国广告协会主办的“中国大学生广告艺术界学院奖”举办了大型微电影作品选拔活动。为了扩大品牌知名度，提高企业美誉度，包括58同城、腾讯微博、王老吉等在内的企业都提交了融合自身品牌信息的微电影作品，如果其作品能够在比赛中脱颖而出，无疑将有利于提高品牌影响力，在消费者心目中树立良好形象。

## 门槛低、形式灵活

微电影对拍录设备的要求不是很高，有些人甚至用手机就能完成拍摄工作，视频剪裁及编辑也可以通过下载相关软件来实现，所以，即便没有专业的导演、超群的演员，普通用户也能制作微电影，不仅可以自编自导，甚至还可以自己出演，因而微电影作品不断增多，其中，高校学生参与制作的微电影作品占据主导地位。

微电影可采用灵活的表达方式来展现创作者的才华，将生活中的小事改编成完整的情节，以视频的形式搬上荧幕，也为民间艺术家提供了更多的表演机会。

### 7.1.2 微电影面临的盈利困境

这些微电影主题各异，数量庞大，但是成功的却寥寥无几。很多工作室或者制作公司倾尽全力、耗费心血拍摄了一部微电影，往往上线没几天就被湮没，最终导致血本无归。这种情况下，微电影制作不仅浪费物力，还会导致相关人才流失，严重威胁了未来微电影的发展。

因此，如何保证微电影能够盈利，微电影的盈利模式到底是什么？这些问题都值得我们思考、探究。

#### 草根微电影盈利困难

微电影虽然“微”，但其本质还是“电影”。俗话说，“麻雀虽小，五脏俱全”，微电影也是如此。微电影虽然“小”，但是其制作过程和电影一样，需要经过剧本创作、组建团队、挑选演员、挑选场地、布景、拍摄、后期制作、后期宣传等环节，而每一个环节都需要资金。

虽然从目前微电影制作成本的统计数据来看，其成本可大可小，可以是几百元，也可以是几百万元。但是这中间的差距可想而知，几百元制成的微电影一定制作粗糙，不受观众喜爱；而受观众喜爱的、品质好的微电影成本必然要高。这就形成了一个草根群体难以解决的问题——草根微电影盈利困难。

这个问题的原因除了资金之外，还有另一个因素——宣传。草根微电影往往忽视电影宣传，或者缺乏资金进行宣传，使得电影上线的时候知道的人寥寥无几，自然就难以盈利。

### 市场化产业链尚未形成

市场化产业链的形成是盈利的保障。但是，目前微电影领域还没有形成市场化产业链，商业模式较为单一。

这种单一化的商业模式具体表现为，**微电影的合作方局限在广告商和视频网站之间，借助视频网站等互联网平台进行播放，其投放成本较低。**但是受到网络资源公开性、共享性的影响，观众观看、传播微电影是免费的，使得微电影创作者的版权得不到有效保障，进而对微电影的盈利产生较大的影响。尤其是那些原创的、不含商业性质的电影，基本上连成本都保不住。

为了解决这个问题，微电影往往会争取广告商的投资，但是与广告商合作之后，微电影制作不免要受其影响。微电影中的广告植入太多会引起观众的不满；植入得太少又会使得广告商不满。因此，微电影若和广告商合作，广告植入就要有一个合适的度，找到观众和广告商之间的平衡。

市场化条件下，微电影要盈利，就要顺应市场化的发展趋势，形成市场化的产业链，拓展合作范围，向文学、音乐、游戏等领域延伸，尽可能地扩大行业资源，打破广告是微电影唯一盈利模式的局限，迫使微电影的盈利模式向着多元化方向发展。

## 7.1.3 微电影的主要盈利模式

一般情况下，微电影可以通过以下几种模式尝试盈利，如图 7-1 所示。

### 举办相关主题活动

对微电影来说，举办主题活动有 3 个方面的好处：

其一，举办关于微电影的主题活动能够防止过度商业化对微电影的艺术价值造成侵蚀，也就是打破广告对微电影的限制，增加微电影的艺术价值；

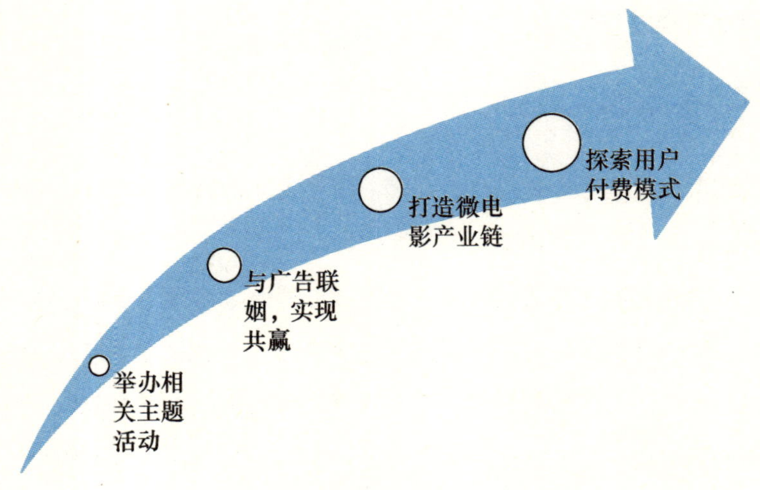


图 7-1 微电影的主要盈利模式

其二，举办主题活动时，微电影制作单位可以通过收取参加费、赞助费等从中盈利；

其三，举办关于微电影的主题活动能够吸引更多的年轻人对微电影产生兴趣，从而进入微电影领域，为微电影的发展发掘人才、培养人才，促使微电影事业持续、健康发展。

微电影主题活动的举办形式有很多，如微电影大赛、微电影展演、微电影节等。目前比较出名的一些微电影主题活动："中国国际微电影大赛"（举办单位：中国网络电视台）、"'最美中国'全国大学生摄影及微电影创作大赛"（举办单位：人民网）、"中国大学生微电影节"（举办单位：中国高校文化创意产业联盟）等。类似的主题活动越来越多，为微电影盈利开辟了一条新的路径。

## 与广告联姻，实现共赢

"情怀"与"广告"似乎是一对天敌，"微电影生于恶搞，死于广告"这个经典的网络流行语就深刻地印证了这一点。

微电影的观众对广告非常反感，广告也在某种程度上限制了微电影的表现。但是，在盈利困难的当下，微电影与广告商的合作是必然之举。微电影需要广告商的资金支持，在获得资金支持后就不得不为广告商谋福利——在影片中植入广告。因此，微电影制作者必须在影片和广告之间找到一种平衡，以实现微电影和广告的联姻共赢。

**一个优秀的微电影广告不仅会对观众形成吸引力，感染观众，还会向观众传递企业价值和企业文化，让观众对企业有更深入的了解。**这样的广告才能在微电影的艺术创作和广告的经济效益之间找到一种平衡，从而实现互利共赢。

## 打造微电影产业链

在微电影现有的两条获利途径中，依靠版权的可能性比较小，而依靠广告又会对影片质量造成不良影响。因此，微电影需要打造一条产业链来开展产业化经营，以实现盈利。

以微电影《老男孩》和《找寻真我 Love Once More》为例。前者在大获成功之后，其影片的同名主题曲《老男孩》也发表了单曲，获得了很好的销量，实现了盈利。后者在大获成功之后，其影片中展现的巴厘岛美景和风情吸引了万千观众，带动很多观众去旅游，也从某种渠道实现了盈利。

上述两个影片的成功盈利说明，微电影可以在音乐和旅游方面扩展盈利渠道。当然，除此之外，微电影的周边产业还有很多，如借助影片内容开发制造相关的公仔玩偶、饮食食品、化妆品、珠宝首饰、衣服、家居用品等盈利；或者将影片制成影像资料发行；或者与电视媒体建立合作关系，通过版权盈利。总之，微电影的周边产业有很多，打造微电影产业链的方法也有很多，关键是要善于发现，善于利用。

### 探索用户付费模式

随着人们生活水平的提高和消费理念的转变，手机视频用户逐渐增多，用户付费观看影片的意愿正在上升，未来，微电影最终的盈利途径转变为用户付费也未可知。但就目前的情况来看，很多消费者在搜索影片时依然会刻意回避那些收费影片，有付费意愿的用户所占比例还比较小，因此，目前微电影付费模式的应用情况并不乐观。

但这并不是说通过用户付费来盈利的道路就被堵死了。在未来，这种付费模式或许能在微电影领域掀起一股改革狂潮。理论上来说，这种盈利模式是比较适用的；但现实情况是，这种模式还尚未成熟，需要不断完善。

总而言之，微电影作为新媒体时代的产物，有着非常广阔的发展前景。尽管目前微电影在盈利方面存在着一些问题，盈利模式还不完善，但是其生命力和前景是非常被看好的。就当下的微电影市场来看，提高微电影的版权意识，建立一套科学、完善的审批、监管、推广和品鉴制度，平衡电影内容和广告之间的关系，吸引更多的年轻群体进入是重点任务。

## 7.1.4　微电影未来的四大发展方向

综合来看，未来微电影的发展主要集中在以下 4 个方向，如图 7-2 所示。

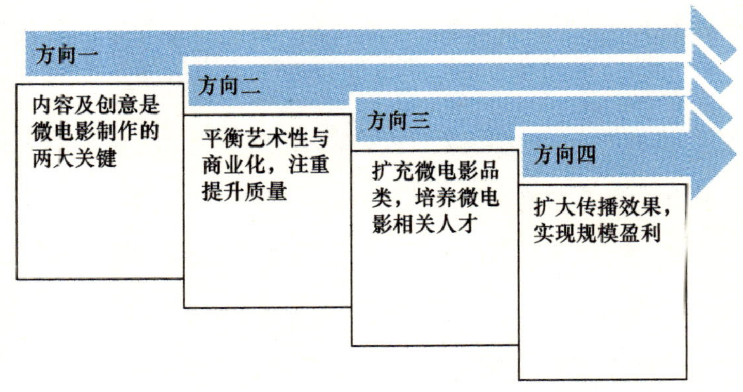


图 7-2　微电影未来的 4 个发展方向

## 内容及创意是微电影制作的两大关键

相比强调艺术性的传统电影，微电影更加注重趣味性及娱乐性。因为要在极短的时间内吸引人们的注意力，让人们产生继续观看的欲望，使得微电影内容的重要性被提升至极高的高度。

具体来看，微电影内容不仅要有趣味性、创新性，还要与人们的生活或当下的热点话题有效结合起来。随着微电影作品数量的不断增加以及人们对文娱产品消费需求的升级，微电影的内容也需要具备一定的深度。

在微电影作品同质化问题愈发突显的背景下，如果微电影不能具备一定的启发性、艺术性，反而充斥大量的营销推广信息，必将失去社会关注价值，进而被广大网民所抛弃。

优秀的创意是微电影广告取得优秀传播效果的重要基础，虽然一些实力强大的品牌商也会请一些大牌明星及导演制作微电影广告，但明星及导演的作用仅是“锦上添花”，没有足够的创意，而用明星、导演堆砌的微电影只会招致广大用户的反感。事实证明，一些新人主演的制作精美、题材新颖的微电影广告同样具备强大的传播效果。

## 平衡艺术性与商业化，注重提升质量

关于微电影是注重表现艺术还是商业化的争论，自其出现以来就未曾停止。这一问题不但关系到电影艺术，更对微电影的商业价值产生了直接影响。

各大品牌商纷纷拓展微电影营销，互联网平台中每天都会出现大量的微电影广告作品。为了更好地吸引用户的关注，避免陷入同质化竞争的尴尬境地，控制广告植入的数量，提升内容质量是很有必要的。

## 扩充微电影品类，培养微电影相关人才

如果按照视频网站采用的影视剧分类标准，目前国内的微电影作品主要

是喜剧片、爱情片及剧情片，定位也主要是青春、个性、梦想、励志、爱情等，但微电影广告要想真正实现跨越式发展，就必须在影片品类方面有所突破。

事实上，随着生活水平的提升，人们对于音乐片、中文纪录片、中文公益片、中文动画片类型的微电影也存在着较高的需求。此外，为一些已经有着大量粉丝关注的影视剧制作微电影题材的衍生剧、番外篇等也是一种不错的发展思路。

在微电影广告作品的创作方面，剧本、导演、摄影、视频加工等环节存在着不同程度的人才缺口，尤其是对于帮助企业进行营销推广的微电影广告，相关人才不仅要具备微电影方面的知识，还要懂广告营销。各大企业应在举办各类微电影营销赛事活动发掘优秀人才的同时，积极鼓励组织内部的营销人员参加相关技能培训课程，培养内部人才。

### 扩大传播效果，实现规模盈利

由于微电影的时长相对较短，为了取得更好的营销效果，企业在制作微电影作品时可以学习美剧广泛采用的“边拍边播”的方式，将微电影分为预告片、正片、幕后花絮等。在拍摄过程中，不断搜集用户的反馈建议，从而对视频内容进行有效调整。当然，如果微电影作品取得了良好的传播效果，也可以尝试将其制作为系列作品。

微电影除了可以借助视频网站进行传播外，微信、微博等社交媒体平台也是极具价值的传播渠道。需要注意的是，由于微信、微博对视频的大小存在一定的限制，如果企业想要将较大的微视频广告上传至微信、微博，就必须让视频后期处理人员对视频进行一定的压缩处理。

如果微电影想要像传统影视剧作品一样实现盈利，就必须实现规模化及产业化，通过对商业模式的创新来探索更多的价值变现渠道。除了营销价值外，版权分销、艺人经济、举办微电影节等也能为相关企业创造较高的价值。

## 7.2 新媒体环境下，微电影的广告营销模式

### 7.2.1 微电影颠覆传统营销模式

#### 广告与电影相结合

自微电影诞生以来，就有经营者采用这种营销方式，把广告与电影相结合，将商品推广信息融入完整的情节中。这使得其在推进情节发展的同时，让观众对品牌内涵有着更加深入的了解。

贴片广告是传统电影及电视剧中比较常见的广告形式，但这类广告往往因降低了用户的观影体验而遭到排斥。举例来说，大部分院线电影在正式开播之前，都会播放 10 分钟左右的广告，使得即便有观众晚于预定时间进场，也不会错过电影开头。不少商家将广告植入影视作品中，但这种方式也容易使观众产生排斥心理。

从微电影运营方的角度来分析，在电影中融入广告，能够增加自己的利润。微电影与企业品牌的结合，比传统贴片广告或植入式广告的呈现方式更为灵活自然。还有些微电影是为品牌推广量身打造的，能够有效避免观众产生排斥心理。为了推出高质量的微电影作品，要从剧本制作、演员选取、团队组建等各个方面入手。

#### 拥有较强的互动性

新兴媒体是微电影输出的主要渠道，其中应用最为广泛的，莫过于智能手机与网络渠道。用户利用智能手机及网络平台下载、观看微电影，还可上传到个人社交平台中。

用户借助新媒体及网络平台不仅能观看视频内容，还能就电影制作、表达

方式等充分发表个人意见，这样互动性更高，从而对观众形成更强大的吸引力，也有助于扩大企业的推广范围。

### 利用先进的技术手段进行艺术化传播

立足技术层面分析，信息接收终端的革新使用户能够随时随地地观看经网络渠道发布的视频内容，加速了微电影的发展，使微电影营销在更多领域得到应用。现如今，用手机看视频的用户在公交车、地铁、餐馆等地方随处可见，这都离不开先进技术的应用及发展。

传统互联网时代下，用户通过手机上网或观看视频时，会考虑到流量消耗带来的费用支出；如今，大多数快餐店（如肯德基、麦当劳等）、酒店甚至候车室都安装了无线网，向所有用户开放，方便下载、浏览网络信息及视频内容。

由于人人可参与制作微电影，通过这种方式表达自己心声的实践者越来越多，支持微电影的用户也不在少数。立足艺术层面分析，微电影不仅能够使用户在观影过程中放松身心，还能发挥品牌推广的作用。

2010 年推出的微电影《一触即发》着重突出凯迪拉克的品牌价值，把产品推荐与情节铺展交织起来，同时加入电影大片的效果。这个微电影时长仅为 1 分 30 秒，着重突出汽车产品各方面的高品质，包括地理定位、车况检测，以及汽车外观优美的线条设计，等等，创作者将品牌价值及其内涵融入故事内容当中，通过艺术化的表达方式进行产品推广，比传统广告的平铺直叙更具感染力。除了能够全方位介绍产品功能之外，微电影还能体现出品牌整体的风格及价值追求。

## 7.2.2 微电影背后蕴含的营销价值

广告的融入能够进一步挖掘微电影的商业特性，越来越多的广告商利用微电影进行品牌推广，取得了不错的效果。品牌营销除了能让目标消费者更加了解自己的产品之外，还能突出表现品牌背后的文化价值，从精神层面打动消费者。

微电影营销也应该从情感层面引发消费者共鸣，而不应只满足于产品介绍。**要通过讲故事的方式完整阐述品牌精神，甚至带给观众心灵上的震撼。每一家拥有较高知名度、品牌中蕴含价值理念的企业都可采用微电影营销方式。**很多微电影的故事情节也是围绕品牌推广及价值渗透来构建的。

目前，企业在价值生产中占据主导地位，不仅内容制作需要企业在资金方面提供支持，微电影在前期生产过程中为了获得足够的经费，也要与商业元素挂钩，帮助企业进行宣传。从广告商的角度来分析，微电影的资金投入并不大，发行方面的成本消耗也十分有限，而电影一旦推出，就能够进行大范围传播，这是种性价比较高的营销方式。

微电影拥有较强的表现力，通过镜头转换、构图、后期渲染等技术应用突出主题。微电影继承了传统电影的许多优势特点，吸引用户驻足观看，并进行二次传播。此外，相比传统广告，用户对微电影宣传方式的认可度更高。

近年来，企业对微电影营销方式的重视度不断提高。由于传统电视广告的生产需要投入大量资金，还存在时长、时间段安排等方面的限定，再加上越来越多的消费者迁移至网络平台，企业渐渐意识到微电影营销的重要性。从广告公司的角度来分析，微电影与广告的结合冲破了传统营销模式的常规，采用微电影营销方式能够降低公司的成本消耗，提高运营效率，加速资金运转，还可向广大受众群体征集新方案。

**从观众的角度来分析，微电影中不乏优秀作品，其专业技巧应用甚至堪比传统电影，而且无须付费观看；微电影可通过多种渠道输出，用户可以通过移动终端进行观看，能够有效提高用户的时间利用率；广告推广也不必直逼观众，能够在用户享受电影内容的过程中，自然而然地起到宣传作用。**

在快节奏时代，微电影的传播方式更贴近用户需求，并在不知不觉中对人们的日常生活及消费行为产生影响。微电影拥有广阔的发展前景，在未来，广告与微电影的结合会成为主流趋势。

### 7.2.3 微电影广告模式的 6 个优势

与其他的广告模式相比，微电影广告模式主要具有 6 个方面的优势。

#### 能够有效提升企业的影响力

微电影广告可以有效植入品牌、价值观、企业文化等，从而有效提升企业的品牌影响力。微电影广告主要是借助情感体验较为强烈的剧情推广产品及品牌形象，通过跌宕起伏的故事吸引人们的广泛关注，从而实现营销目的。

需要企业更为注意的是，通过微电影广告进行营销推广的产品通常是将要进入或已经进入成熟期的产品，这时人们对产品已经有了一定程度的了解，如果此时配合微电影广告营销，往往能够进一步强化人们对产品的认识及对企业品牌及文化的认可，从而产生良好的营销效果。

#### 充分利用了人们的碎片化时间

目前，人们的生活压力急剧增加，即便是在工作之余，许多人也会通过参加培训的方式提升自己的知识、技能等。而移动互联网及智能手机的出现让人们的碎片化时间得到了充分利用，人们在排队付款、坐公交、乘地铁时，可以拿出自己的手机听音乐、刷朋友圈、看漫画、读小说等，充满创意而且相对简短的微电影也受到网民们的一致青睐。

微电影能够只用几分钟的时间就让人们体验到情感丰富的完整故事，带给人们快乐、忧伤、感动、思念等各种情感体验。微电影充分迎合了人们对文娱产品消费需求日益个性化及碎片化的时代特征。

#### 提高品牌美誉度与用户忠诚度

整合营销使品牌效应不断深化，提高了美誉度和受众忠诚度。毋庸置疑的是，决定微电影营销效果的是其创意，优秀的创意配合各种传统媒体及新媒体的营销推广，可以使微电影广告在短时间内爆发出强大的能量。此外，微电影与广告有着极佳的契合度，影片画质清晰、富有创意及情感，再加上丰富的场景，通常可以在短时间内产生强大的话题效应。

### 媒介购买利益最大化与媒介投放的高精准度

与普通的电视广告或者视频网站的前置及后置广告相比，微电影广告的时间更长，而且通常很少会在电视媒体中投放，一般就是在视频网站或者社交媒体平台中传播，其能以病毒式传播方式在短时间内迅速登上各大媒体头版头条。

由于微电影广告具有丰富的情感体验及较强的视觉效果，人们对亲朋好友推送的这种视频有着较高的认可度，从而促使人们分享微电影的积极性大大提高，这可以帮助企业有效降低营销成本，并获得强大的营销效果。

### 感性的表达方式更能打动人心

微电影大多采用了情感诉求方式，更能打动人心。微电影广告用情感体验引发人们的共鸣，从而为产品及品牌塑造了人格化的形象，使人们在沉浸剧情的同时，不知不觉地接受产品、认可品牌理念。正是这种情感体验架起了微电影广告与广大消费者连接的桥梁。

### 未来可挖掘的空间更加广阔

微电影广告采用电影形式传播产品信息或企业品牌理念，如今受到了越来越多的用户的认可及青睐。作为文娱消费品的电影产业，在满足人们文化及娱乐需求的同时，更为我国经济的发展注入了活力及发展动力。随着我国网民尤其是移动端网民的迅速增长，兼具营销价值及市场价值的微电影将爆发出巨大的能量。

### 7.2.4 支付宝的微电影广告营销策略

微电影诞生后，凭借其与品牌营销良好的兼容性迅速获得了营销界的一致认可。在诸多国内企业的微电影营销案例中，令人印象最为深刻的无疑是阿里旗下的支付宝于 2011 年推出的微电影《郑棒棒的故事》。

在移动互联网时代，大量涌现的各种形式的微电影，在给企业产品及品牌带来良好传播效果的同时，也为消费者献上了丰盛的视觉大餐，有效推动了传统广告营销产业的转型升级。

2010 年是草根微电影营销崛起的一年。短短一段时间内，拥有庞大潜在受众群体的草根微电影就迅速被品牌商广泛应用。在传统广告营销同质化竞争日益严重的局面下，微电影营销凭借互联网产生的强大的传播效果及极高的转化率，而逐渐发展成为一种主流的营销方式。

微电影广告某种程度上可以看作企业为自身产品或品牌定制的广告片，通常在 5 ～ 30 分钟，短小精悍、具备完整的情节，具有明显的商业目的。

2006 年年初，雅虎中国就花费 3000 万元邀请国内的三大顶级导演陈凯歌、冯小刚、张纪中为其制作“雅虎搜索”定制微电影；香奈儿、力士、凯迪拉克等品牌商紧随其后，分别制作了《秘密情史》《金纯魅惑》《66 号公路》，都取得了不错的营销效果。可见在微电影广告这种全新的营销手法上，一些世界顶级品牌商早有所布局。

2004 年支付宝正式上线，其始终将“信任”作为产品的核心所在，不仅为用户建立安全稳定的线上支付系统，更让广大用户借助支付宝在虚拟的网络世界中建立信任关系，从而为我国诚信体系的建设提供了强有力的支撑。

经过多年的发展，深得网民信任的支付宝积累了海量的用户流量，截至 2016 年 6 月，支付宝拥有的实名注册用户人数已经高达 4.5 亿。蚂蚁金服 600 亿美元的估值中，很大一部分源自支付宝在国内支付领域的强大统治力。

在发展初期，支付宝的广告营销更多的是通过使用一些具体的数据证明其安全性、稳定性等，意图在广大消费者心中建立起安全高效的品牌形象，并将这种全新的支付工具及理念普及推广。支付宝的出现，为国内电商产业的快速崛起提供了强大的动力，并为商家与消费者创造了巨大价值。

如今的支付宝已经不仅仅局限在支付领域，在游戏、票务、餐饮、社交、出行、金融、美妆等领域都已有所布局，俨然已经发展成为一个大型综合生活服务平台。

在营销推广方面，安全快捷的支付服务形象已经深入人心，其 2011 年推出的微电影广告《郑棒棒的故事》，其侧重点是“不变的承诺”。

《郑棒棒的故事》源自真实的故事，主角郑棒棒（真实故事中的原名为郑定祥）是一位善良淳朴的重庆挑货工。妻子患病住院的郑棒棒挑着价值数万元的货物与货主走失后，不但没有听从周围人的劝阻将货物卖掉救治妻子，反而执着地寻找货主，最后，苦苦寻找了 10 天的郑棒棒终于成功地将货物交给了货主。

视频中人物之间的对话完全采用方言，画面全部源自真实场景，朴实担当、富有责任感的郑棒棒一句“我缺钱不缺德”让我们充满了敬佩之情。看到刺骨寒风导致郑棒棒生病发烧，躺在床上无人照顾时，我们更是感到心痛，这些感染力极强的场景对支付宝品牌形象的塑造产生了强大的效果，短时间内被网民大量评论并转发。

与普通的广告不同，微电影广告借助电影的形式，有效提升信息的真实性及可信度，能更好地塑造人格化的品牌形象，从而产生强大的传播效果。而且，其时间相对较短，人物及场景相对较少，不用像制作电影作品一样花费较高的时间及资金成本。《郑棒棒的故事》就是通过微电影的形式来塑造支付宝“知托付”的品牌理念。

# 参考文献

1. [ 英 ] 大卫 · 赫斯蒙德夫 . 文化产业（第三版）[M]. 张菲娜译 . 北京 : 中国人民大学出版社，2016：216.

2. 宋璞 , 朱学芳 . 流媒体在视频新闻传播中的应用 [J]. 情报科学，2006.

3. 吴信训 . 世界传媒产业评论（第 1 辑）[M]. 北京 : 中国国际广播出版社，2008：32-35.

4. [ 美 ] 列文森 . 新新媒介 [M]. 北京 : 华夏出版社，2011：62.

5. [ 美 ] 克里斯 · 安德森 . 免费——商业的未来 [M]. 北京 : 中信出版社，2009：9.

6. 侯继勇 . 风投千万美元豪赌视频网站 [N].21 世纪经济报道，2008-07-24（1）.

7. 谢灵宁 , 张晶 . 视频史前传 [J]. 第一财经周刊，2010（3）：2.

8. 吴秋余 . 版权问题已成网络视频产业致命弱点 [J]. 人民日报，2009（2）：2-4.

9. 高山冰 . 美国视频网站 Hulu 的竞争策略及启示 [J]. 电视研究，2010（7）：3.

10. 苟世祥 , 王灵 . 我国视频网站运营困局破解 [J]. 新闻传播，2010（7）：8.

11. 王乐鹏 , 刘轩 .SNS 网站与视频网站的融合形态研究 [J]. 市场论坛，2012（9）：3-5.

12. 张仪 . 大行其道的社交网络视频 [J]. 卫星电视与宽带多媒体，2012（2）：1.

13. 黄海林 . 视频革命——重新定义电商 [M]. 北京 : 电子工业出版社，2016：53-67.

14. 王长武 . 微电影的传播特征与市场前景展望 [J]. 中国电影市场，2011（1）：10.
15. 向北 . 微电影：迎合时代的“宠儿”[J]. 市场观察，2011（8）：2.
16. 张梦 . 迅速走红的网络“微电影”[J]. 中关村，2011（8）：3.
17. 莫康孙 . 从“电影植入广告”到微电影 [J]. 中国广告，2011（8）：2.
18. 张高伟 . 论微电影的叙事艺术 [J]. 美与时代(下)，2011（7）：1.
19. 边明, 韩亚飞 . 电影广告发展探析 [J]. 新闻世界，2011（03）：121.
20. 张梦 . 迅速走红的网络“微电影”[J]. 中关村，2011（08）：72-74.
21. 陈红莲 . 网络“微电影”的传播学解读 [J]. 今传媒，2011（12）：95-96.
22. 牛静 . 视频网站著作权纠纷及其防范管理机制研究 [M]. 北京 : 知识产权出版社，2015：69-72.
23. 龚铂洋 . 直播营销的场景革命 [M]. 北京 : 清华大学出版社，2016：146-153.
24. 于雷霆 . 引爆直播：重构营销模式的七个关键法则 [M]. 北京 : 电子工业出版社，2017：243-264.
25. 韩布伟, 张国军 . 网络直播掘金手册：商业模式 + 引流方法 + 应用实战 [M]. 北京 : 人民邮电出版社，2017：78-86.
26. 王乃考 . 直播经济 :“互联网 + 泛娱乐”时代的连接变革 [M]. 北京 : 中国铁道出版社，2017：204-213.
27. 唐嘉仪 . 新媒体传播十问 [M]. 北京 : 人民日报出版社，2017：46-52.
28. 王松 . 信息传播大变局——新媒体传播管理与数字技术 [M]. 上海 : 上海交通大学出版社，2013：65-73.
29. 杨艳琪 . 新媒体与新闻传播 [M]. 北京 : 社会科学文献出版社，2015：136-142.
30. 仇勇 . 新媒体革命：在线时代的媒体、公关与传播 [M]. 北京 : 电子工业出版社，2016：214-217.
31. 李洁 . 网红经济下的思考 [J]. 西部皮革 .2016（3）：12.

32. 魏然 . 网红经济热现象分析 [J]. 理论观察 .2016（9）：6.

33. 倪卫涛 . 网红是怎样炼成的（案例版）[M]. 北京 : 电子工业出版社，2017：157-165.

34. 王先明 , 陈建英 . 网红经济 3.0：自媒体时代的掘金机会 [M]. 北京 : 当代世界出版社，2016：94-98.

35. 余小华 , 王易 , 管鹏 . 超级网红：这么玩才赚钱 [M]. 北京 : 人民邮电出版社，2017：69-77.

36. 杜一凡 . 网红粉丝经济：运营、管理、变现方法与技巧 [M]. 北京 : 人民邮电出版社，2016:172-189.

37. 余露莹 . 新媒体形态下商业模式的创新——以“网红经济”的兴起为例 [J]. 新媒体研究，2016（15）：81-82.

38. 肖赞军 , 康丽洁 . 网红经济的商业模式 [J]. 传媒观察，2016（09）：15-16.

39. 刘玎璇 . 从网红经济看 PGC 的商业变现路径 [J]. 今传媒，2016（12）：77-79.

40. 董静 , 张晓红 . 电子商务视角下的网红经济 [J]. 全国商情，2016（25）：17-18.

41. 玛格丽特 · 赫夫南 . 未来的竞争力不是竞争 [M]. 洪慧芳译 . 台北 : 漫游者文化事业股份有限公司，2016：173.

42. 史蒂夫 · 凯斯 . 第三波数位革命 [M]. 廖恒伟译 . 台北 : 大是文化有限公司，2017:245.

43. 项仲平 , 刘静晨 . 论网络电视对传统电视的冲击 [J]. 当代传播，2010（2）: 5.

44. 萧盈盈 . 互联网时代电视的变革与迁徙 [M]. 北京 : 知识产权出版社，2016：159-165.

45. 刘琼 . 网络微视频生产机制考察 [J]. 中州学刊 ,2015,03:172-176.

46. 刘琼 . 产业化时代网络微视频商业性与艺术性的平衡 [J]. 社会科学家 ,2013,01:133-136.

47. 刘琼 . 商业化冲击下的网络微视频生产 [J]. 中州学刊 ,2013,02:168-172.

48. 王勇 , 赵靓 . 大学生使用网络微视频的调查报告——以“长株潭”三地大学生为例 [J]. 湖南工业大学学报 ( 社会科学版 ),2013,02:139-145.

49. 宣琦 . 网络微视频新闻的传播特征 [J]. 军事记者 ,2012,08:45-47.

50. 张帆 , 杨葆华 . 关于网络微视频广告传播效果及影响因素的文献综述 [J]. 电影评介 ,2014,15:89-90.

51. 王子琳 . 新媒体时代下的网络微视频创意解析 [J]. 美与时代 ( 城市版 ),2015,12:130-131.

52. 李慧 . “粉色微视频”的视觉传播特色 [J]. 传媒 ,2017,02:54-55.

53. 王乃考 . 用中国精神构建我国文化产业思想体系 [J]. 新闻爱好者 ,2016,02:79-82

54. 王乃考 . “微电影”的产生、涵义与特征 [J]. 新闻天地 ( 下半月刊 ),2012,02:107-108

55. Wu Liu,Yihong Gao,Huadong Ma,Shui Yu,Jie Nie.Online Multi-Objective Optimization for Live Video Forwarding across Video Data Centers[J].Journal of Visual Communication and Image Representation.2017（18）：27.

56. Satish Chand.Live Video Services Using Fast Broadcasting Scheme[J]. Communications and Network.2010（7）：76.

57. Tang Shou-Jiang,Bergs Richard,Jazrawi Saad F. Live video manipulator for endoscopy and natural orifice transluminal endoscopic surgery (with videos) [J].Gastrointestinal Endoscopy.2008（32）：89.